岳飛抗金與宋軍

——重現宋軍百年抗金史
挑戰「弱宋」的歷史迷思

黃如意 著

逆轉宋史

宋金百年對抗，揭開大宋抗敵歷史
挑戰歷史上傳統的「崇文抑武」觀點
揭開不為人知的強大一面，一個不屈的鐵血王朝！

目錄

第四篇　以金人秋淚償靖康之恥
- 第一章　靖康之難，百年國恥 …………………… 006
- 第二章　建炎中興 …………………………………… 022
- 第三章　武穆英魂 …………………………………… 053
- 第四章　百年恩怨 …………………………………… 098
- 第五章　王師北定中原日，家祭無忘告乃翁 …… 130

第五篇　諸神的黃昏
- 第一章　最後的征程 ………………………………… 154
- 第二章　力敵大半個地球的壓迫式進攻 ………… 177
- 第三章　最後一位堅強的守護者 ………………… 192

主要參考資料

目錄

第四篇
以金人秋淚償靖康之恥

第一章
靖康之難，百年國恥

■ 神祕崛起的女真部落 ■

女真，又譯女直，本是遼帝國下屬當中 49 個小部落之一，肅慎（靺鞨）的一支，主要生活在遼帝國上京臨潢府更北的黃龍府（今吉林省長春市農安縣）以北，以漁獵為生，尚未進化到游牧階段，有十餘萬戶。後世建立清帝國的建州女真部落由於與女真發源地接近，所以誤會為其後代，甚至最初建國的時候國號也叫「金」，史稱「後金」。清人對自認的祖先金帝國有頗多照顧之處，以至於我們現在看到的一些史料不太符合邏輯。女真部落的崛起頗具神祕感，雖然我們現在可以透過諸多史料看到該部落的崛起以及金帝國建立的全過程，但北京大學的劉浦江教授已經明確考證：金帝國建國的這一段歷史均為後世杜撰，其真相已經被掩埋，本書暫取現存史料的說法。

女真和遼帝國的關係其實比較類似於党項和宋帝國的關係，女真部族本身也可以分為熟女真和生女真。女真和渤海有一定的親緣關係，熟女真是較早歸附於遼帝國的一些部落，定居於

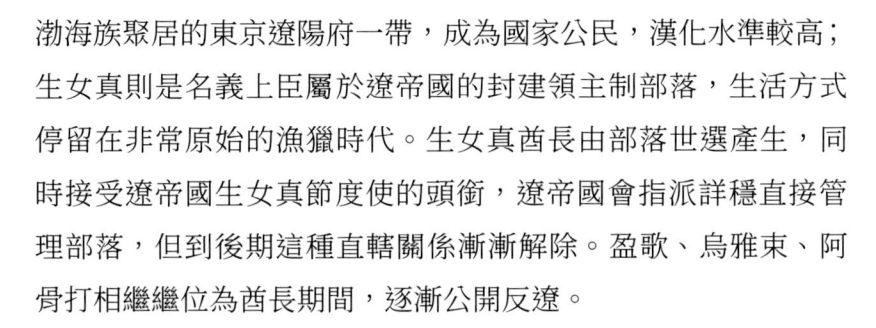

渤海族聚居的東京遼陽府一帶，成為國家公民，漢化水準較高；生女真則是名義上臣屬於遼帝國的封建領主制部落，生活方式停留在非常原始的漁獵時代。生女真酋長由部落世選產生，同時接受遼帝國生女真節度使的頭銜，遼帝國會指派詳穩直接管理部落，但到後期這種直轄關係漸漸解除。盈歌、烏雅束、阿骨打相繼繼位為酋長期間，逐漸公開反遼。

政和元年（遼天祚帝天慶元年，西元1111年），女真部族歷史上最重要的一年，童貫使遼，遇到了趙良嗣（馬植），隨後宋徽宗、蔡京等人制定了扶植女真部夾擊遼帝國的戰略，此後女真部的外延發展雖不明顯，但其內涵發展卻一日千里。政和四年，完顏女真部正式與遼帝國交兵，並連續取得寧江州、出河店兩場大捷。第二年，阿骨打親自率兵攻克黃龍府，遼廷震恐。政和六年，渤海人高永昌獨立，阿骨打趁機出兵攻占了遼帝國東京以及原渤海國的土地。《金史》稱女真在這一年建國，完顏阿骨打即皇帝位，即為金太祖，改元「收國」。女真部在政和年間突然產生了跨越式發展，其具體情況史書已無載，但我們完全可以推測，正是童貫等人的暗中扶植政策產生了作用，阿骨打可能就在這期間取了漢名完顏旻。

由於女真是宋帝國刻意扶植起來的一個部落，所以其跨越式發展非常驚人，而這種迅速的勢頭很快超出了宋徽宗等人的掌控範圍，反戰派的很多預言都得到證實，好大喜功的蔡京、童貫等人差一點就把漢文明葬送在了巔峰。

第四篇　以金人秋淚償靖康之恥

■ 奇怪的叛徒郭藥師 ■

金太祖受宋廷隆恩，對宋態度非常友好，但是他於宣和五年（金天輔七年、天會元年，西元1123年）駕崩，其弟完顏吳乞買（漢名晟）繼位，即為金太宗。金太宗一改其兄依靠宋朝的戰略，準備繼續南侵宋地，擷取更大利益。金太宗繼位當年便發生「張覺事件」，揭開了宋金衝突的序幕。

張覺本是遼帝國遼興軍節度副使，降金後金以平州為南京，以張覺為南京留守。但不久張覺又起兵反金，併到燕山府向宋帝國求援。趙良嗣認為剛與金國結盟，不宜背盟，但徽宗在王黼的勸告下接受了張覺內附，這成為金侵宋最主要的一個理由。

宣和七年，遼天祚帝被擒，遼德宗西遷，遼帝國滅亡，宋金兩國的共同事業已經完成，金國大首領也已經換人，兩國關係將走入新的一頁。以兩年前的張覺事件為藉口，金國展開南侵行動，金軍分兩路南下，並約西夏從西路出兵。金帝國由元帥府總攬軍務，都元帥由金太宗之弟、諳班勃極烈完顏斜也（漢名杲）擔任，做為皇儲，左、右帥府分別代表當時的兩派政治勢力。左副都元帥完顏粘罕，又作黏沒喝，漢名宗翰，是已故國相完顏撒改之子，代表撒改系勢力；右副都元帥完顏斡離不，又作斡魯補，漢名宗望，是金太祖次子，代表太祖系勢力。二人分率左右帥府軍分東西路南下。

曾經約為兄弟的遼帝國已經被自己滅掉，河北重新成為前線

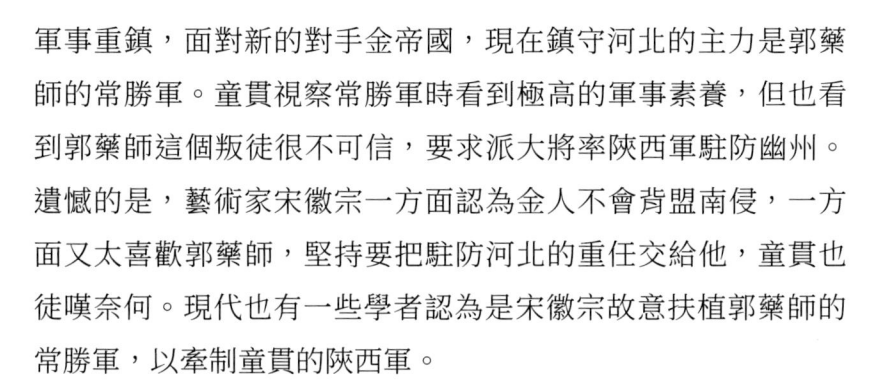

軍事重鎮，面對新的對手金帝國，現在鎮守河北的主力是郭藥師的常勝軍。童貫視察常勝軍時看到極高的軍事素養，但也看到郭藥師這個叛徒很不可信，要求派大將率陝西軍駐防幽州。遺憾的是，藝術家宋徽宗一方面認為金人不會背盟南侵，一方面又太喜歡郭藥師，堅持要把駐防河北的重任交給他，童貫也徒嘆奈何。現代也有一些學者認為是宋徽宗故意扶植郭藥師的常勝軍，以牽制童貫的陝西軍。

十一月，完顏斡離不率東路軍從平州出發，快速攻占檀州、薊州，進逼燕山府。知府蔡靖派郭藥師率常勝軍迎戰，統制張令徽、劉舜仁不肯力戰，郭藥師孤軍深入，被金軍夾擊大敗。一場敗仗本也不算什麼，但郭藥師回到燕山後立即就投降了！蔡靖也被迫投降。宋徽宗等人放棄西夏，攻滅契丹收回來的燕雲十六州，就這樣莫名其妙的又丟了！金太宗封郭藥師為燕京留守，賜姓完顏。郭藥師深受徽宗寵愛，對宋帝國的情況十分了解，完顏斡離不以其常勝軍為先鋒，直取東京，很快就攻破河北關隘。由於宋帝國在常勝軍背後沒有駐防主力部隊，河北以南到東京一馬平川，剽悍的女真騎兵數日可達！西路軍也在完顏粘罕的率領下，進圍太原。

金國的背盟南侵，如同一記重重的耳光打在滅遼派的臉上。當時蔡京、王黼已經致仕（退休），徽宗非常尷尬，下罪己詔承認錯誤，不久後禪位，自稱太上皇。25歲的皇太子趙桓繼位，即為宋欽宗，改明年為靖康元年。

第四篇　以金人秋淚償靖康之恥

　　現在的形勢，表面上看和真宗朝蕭撻凜進逼澶淵時很類似，但當時宋軍主力就是河北軍，駐京禁軍也較多。而百餘年後，禁軍主力都集中在陝西，河北軍早已不堪大任，常勝軍一戰即降，駐京禁軍也不多，金軍隨時可以長驅直入，直搗京師。金東路軍又攻克重要屏障信德府（今河北省邢臺市），已經遠遠超出當年彈性防禦遼軍的主戰線。宋廷一片譁然，太學生陳東等上書請誅殺蔡京、王黼、童貫、梁師成、李彥、朱勔「六賊」，這六人正是當初貪圖功業，主議背盟滅遼的幾位，事實上還應該加上一位宋徽宗，只不過他已經很自覺的退位了，不然被強行推下皇位會更加丟臉。

　　靖康元年（金天會四年，西元 1126 年），完顏斡離不攻克浚州（今河南省浚縣，在開封以北二百餘里），形勢已經非常危急。太常少卿李綱指出金兵南侵主要是為了正名和掠財，可以依照當年遼國的格式為其正名，再量力而行的給一些財物，但前提是要抗戰，而不能一味忍讓，以爭取談判的籌碼。欽宗認為李綱很有道理，任為尚書左僕射、東京留守，全面主持抗擊金軍。欽宗又下詔親征，效仿當年真宗澶淵之役。徽宗一度逃到鎮江，欽宗考慮到士氣，又把他請了回來。但無險可守，也沒有精兵駐紮的華北平原是不可能抵擋女真鐵騎的，完顏斡離不在郭藥師的引導下，快速攻占滑州，進而圍攻東京。李綱率領軍民全力抵抗，並傳檄附近兵馬勤王。

　　這是宋朝建國 166 年來，都城第一次遭到直接襲擊。由於

第一章 靖康之難，百年國恥

多年沒有實戰需求，駐守東京的部隊以儀仗隊為主，數量也不多，但在危急關頭還是表現得相當英勇，利用先進武器，抵擋住了金軍的進攻。李綱派數百勇士縋城而下，殺傷不少金軍，完顏斡離不也指揮金軍猛攻，使城頭「矢集如蝟」，武泰軍節度使何灌戰歿。完顏斡離不一路南來，郭藥師投降後幾乎沒有遇到像樣的抵抗，到了東京城下卻遭到重擊，很快就傷亡數千，被迫暫時撤離。

不久，完顏斡離不派人議和，條件是金500萬兩、銀5,000萬兩、牛馬萬匹、緞百萬匹，割太原、中山、河間三鎮，以宰相、親王為人質。這顯然是漫天要價，尤其他提出的金銀數量，在開發美洲以前，中國境內根本沒有這麼多貴金屬。最後，宋廷交出金20萬兩、銀400萬兩，同意割讓三鎮，破了宋帝國割土、納貢的戒律。徽宗第九子康王趙構毅然請纓，與少宰張邦昌一起到金營為質。剛開始李綱堅決不同意這樣的條件，種師道也率少量陝西軍來援，金軍開始懼怕，轉為防禦。但非常意外的是，種師道派宣撫司都統制姚平仲率萬人前往劫營，卻失敗而歸，主動權又轉移到完顏斡離不手中。東京城內主戰派和主和派吵得不可開交，最後宋欽宗罷免了李綱，與金軍談和。完顏斡離不允和，但認為康王不夠格，換成皇后所生的肅王趙樞為質，而且安全退出宋境後只放歸張邦昌，扣留了肅王。

金軍異常順利的掃蕩了華北平原，一方面是因為地理原因，但更重要的是郭藥師突然叛降。郭藥師這個人《宋史》、《遼

第四篇　以金人秋淚償靖康之恥

史》、《金史》均有傳，但均語焉不詳，其人是渤海鐵州（今遼寧省鞍山市）人，從名字上判斷可能是漢族，也可能是渤海族，但他沒有任何民族傾向，終生奉行「有奶便是娘」的人生準則，隨時隨地叛降於有利的一方。《金史》對其評價是「郭藥師者，遼之餘孽，宋之屬階，金之功臣也。以一臣之身而為三國之禍福，如是其不侔也」。可以想像，如果在他有生之年又巧逢金國不利，多半也是要背叛金國的。但是這樣的一個人為何能得到宋徽宗的寵信，並授予河北邊防的重責，這才是問題的關鍵。

東路軍勢如破竹，卻議和撤退，一方面是東京軍民的堅守，更重要的是西路軍受阻於太原，沒能按計劃會合。太原，這座當年讓周世宗、宋太祖三攻不下，最終被宋太宗夷為平地的堅城，面對剽悍的女真鐵騎，再一次體現出堅強的血性。

■ 龍城精神不是所謂的王氣 ■

太原這座堅城，在分裂時讓中原政權難以攻克，統一後也必將成為抗擊北方游牧民族的橋頭堡，故有「龍城」美譽。宋太宗為消滅龍城的「王氣」而將其夷為平地，這座曾經遭受宋王朝極度摧殘的名城，當宋王朝的災難來臨時，他將如何選擇？答案是：全城殉國。玨言

宣和七年底，金軍兩路南下，東路軍勢如破竹，直接攻到東京城下，但更強大的完顏粘罕西路軍卻在太原前進不得。當時

第一章　靖康之難，百年國恥

太原沒有禁軍駐紮，只有童貫的三千親軍，名為勝捷軍，以及一些廂軍。知府張孝純請童貫留守太原主持防務，童貫卻厚著臉皮道：「我的職責是宣撫，不是守土，要我留在這裡，還要你們將帥何用？」竟然逃回東京，把太原拋在完顏粘罕的兵鋒之下。

宋徽宗一直不認為金軍會背盟南侵，沒有在山西做太多的防禦準備，完顏粘罕大軍南下，初時非常順利，高平、石嶺關這一個個熟悉的光榮地名都被輕鬆攻破，快速進圍太原。完顏粘罕這一路軍和完顏斡離不軍兵力大致相當，都有六萬左右戰兵，但東路軍中各族降軍較多，其中只有郭藥師的常勝軍比較強悍，而西路軍基本上都是金太祖帶出來的女真騎兵。在「女真滿萬不可敵」的當時，是一支可與宋初禁軍相比肩的強大軍隊。但是太原城卻給了完顏粘罕最頑強的抵抗，河東宣撫司都統制、勝捷軍總管王稟率領太原軍民展開了一場可歌可泣的孤城保衛戰。

完顏粘罕圍攻太原時，陝西軍鄜延經略使劉光世率4萬軍來援，完顏粘罕圍城打援，將劉光世拒於汾河北岸，但太原依然堅守，月餘不能攻克。完顏粘罕無奈，留完顏銀術可、完顏婁室圍困太原，自領軍南下，但旋即得到完顏斡離不與宋廷議和的消息，於是留完顏銀術可繼續圍困太原，自回上京避暑。宋廷與完顏斡離不議和的內容中有割讓太原等三鎮，但三鎮軍民卻無人從命，均誓死抵抗。宋廷也被軍民們的忠義所感動，

第四篇　以金人秋淚償靖康之恥

　　反悔了割讓三鎮的條件，並於三月正式下詔加封三鎮官員，獎勵他們忠心守城。但太原一直處於金軍的重重圍困中，開始缺糧。

　　五月，陝西軍又出援太原，種師道之弟、侍衛馬軍副都指揮使種師中以三路出發，遣熙河經略使姚古率熙河軍，張孝純之子張灝率河東軍分別從長治和汾州北上，自率秦鳳軍由河北井陘出發。知樞密院許翰救援心切，多次督促種師中進擊，種師中認為應該充分準備，集結更多陝西軍，從上黨襲擊金軍後背。李綱、許翰認為種師中怯戰，責以逗撓，種師中無奈，只好倉促進軍，姚古、張灝和許多輜重都來不及跟上隊型。種師中孤軍深入，在壽陽石坑遭到金軍主力完顏婁室伏擊，宋軍頑強應戰，五戰三勝，但缺乏後援，暫退榆次。金軍偵得種師中部已經斷糧，大舉進攻，主動衝擊宋軍大陣。種師中勉力支撐，但女真鐵騎衝破宋軍右陣，整個大陣崩潰。宋軍大陣崩潰後立即集結小陣發神臂弓抵抗，苦戰半日，金軍竟然也無可奈何。關鍵時刻宋軍士卒們提出經過苦戰應該提高獎賞，種師中孤軍深入，沒帶夠賞金，現在形勢又危險，眾人竟四散而去，只留下百餘人。種師中仰天長嘆，率領這百餘人向敵人發起了最後的進攻，身中四創，力竭身亡。76歲的種師道也於靖康元年十月病卒，從智取清澗城起，種世衡、種諤、種師道和種師中，祖孫三代，在宋軍中樹立起種家軍的赫赫威名，到今日，終於走到了盡頭。種家軍在宋軍中的精神地位非常高，他的終

第一章　靖康之難，百年國恥

結徹底擊垮了宋軍的士氣。

靖康元年（西元1126年），宋人終於深刻體會到滅遼派的禍害，宋廷下詔將蔡京、童貫、趙良嗣等人貶斥邊遠地方。蔡京在途中病死，其子蔡攸、蔡絛賜死。宋欽宗又遣使將童貫、趙良嗣斬首，懸於東京街市，以告天下。這些人為了自己能立下奇功，不惜違背祖宗國法，矇蔽藝術皇帝，翻雲覆雨，導致天裂之禍，雖一度創下無上榮耀，尤其是童貫這個宦官王，成就了古往今來罕見的軍功，但最終未能逃脫一罰，也在歷史上留下了永遠洗脫不淨的惡名。

但是客觀的說，我個人認為宋人為洩憤而殺童貫值得商榷。以童貫犯下的彌天大罪，殺一千遍也不算多，但在那個關鍵時刻確實也不該貿然殺掉陝西軍的核心首腦；正好比《三國演義》中曹操殺蔡瑁、張允而使自己的水軍喪失頭腦一樣。事實上童貫在被流放時也堅信國家正當用人之際，不會殺他，剛看到使者急衝衝追來還以為是來請他復官，萬萬沒想到卻是來殺他的。靖康之難中陝西軍基本沒有出力，主要是因為西夏的牽制，但童貫被殺也是一個重要因素，年輕的宋欽宗以及義憤填膺的眾臣確實太衝動了一點。

八月，宋廷密議連繫金軍元帥右都監耶律余睹反金，耶律余睹本是遼帝國舊臣，所以宋廷認為有機可趁。恰逢金國派奚人蕭慶（有的史料作蕭仲恭）來使，宋廷便把連繫耶律余睹的蠟書交給他，請他共謀。但蕭慶卻立即將蠟書交給完顏斡離不，

015

第四篇　以金人秋淚償靖康之恥

於是女真人又得到一個南侵的理由，仍和去年一樣分兩路南下。

完顏粘罕又回到太原，經過近一年的封鎖，太原依舊屹立不倒，完顏粘罕非常惱怒，親自督戰，金軍無不奮勇，現在又拿出30座重砲，向城頭發起猛攻，城上樓櫓中彈必崩。王稟在樓櫓上安裝柵欄，內建糠布袋，一旦柵欄被毀，立即修復。完顏粘罕又造了50餘臺巨型裝甲運兵車，每輛都以生牛皮和鐵葉裝甲，內載數百人推行，搭載不少薪柴用於填平壕溝。王稟在壕溝內準備火源，待填裝的薪柴較多時引燃，將巨車焚毀。完顏粘罕又造了一種「鵝車」，是一種形狀似鵝的大型作戰平臺，立起一個狀似鵝頸的高臺，士卒直接從鵝頸攻上城頭。王稟也在城上修築鵝形跳樓，用長繩把巨石掛在鵝車頸上，將其掛倒。

雖然王稟百般化解完顏粘罕的攻勢，但城內的糧草已盡，人們先吃草根樹皮，繼而烹煮皮甲弓弦為食，到最後竟然出現了人吃人的慘狀。九月三日，羸弱的太原終於抵抗不住生猛的金軍，被攻破。知府張孝純被完顏粘罕所擒，猶罵不絕口。王稟率羸卒巷戰，並突圍而出，金軍窮追不捨。王稟奮力搏擊，身中數十創，情知將亡，懷抱宋太宗御容投汾河而死，其子閤門祗候王荀同殉，通判王逸自焚死，轉運判官王竑、提舉常平單孝忠等三十餘名文武官員全部壯烈殉國，全城軍民無一人投降。氣急敗壞的完顏粘罕令人從河中將王稟的屍體打撈上來，策馬踏為肉泥以洩憤。太原百姓大多已在圍城中餓死，僅存的百姓在城破後依然誓死不降，完顏粘罕下令全部屠殺。

第一章　靖康之難，百年國恥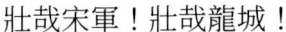

壯哉宋軍！壯哉龍城！

其實在完顏粘罕圍困太原的同時，完顏斡離不已經長驅直入，華北平原盡陷敵手，太原是一座徹底的孤城，堅守下去並無勝算。但是，英勇的太原軍民都沒有放棄，圍城九個月，上至總管王稟，下至普通百姓，無一人請降。完顏粘罕多次向城內通報金東路軍的進展，並給了他們投降的機會，但無人心動。其實他們知道，宋軍已經敗了，堅守下去並不為了得到什麼，只為不負自己心中的信念。這，便是溫潤如玉的儒家傳人發自內心深處的堅強力量。殉國的宋朝軍民除了三千勝捷軍外，全部是宣撫司的文官和普通百姓，他們沒有練過高強的武藝，更沒有經過草原上的磨練，他們正是某些人眼中「文弱」的代表。他們確實沒有過劫掠四方的「尚武」行徑，但是，當他們面對暴行時這種發自內心的堅強，卻是「尚武」人士永遠無法理解的偉大精神。

英雄的太原！英雄的山西！

在這片表裡山河的偉大土地上，曾誕生了多少可歌可泣的英雄故事。漢朝的飛將軍李廣、明朝宣大總兵府、抗日戰爭中的第二戰區……宋太宗曾想釘死太原的「龍脈」，但是他錯了。這條龍脈不是一家一姓的帝業，而是龍的傳人一脈相承的偉大品格。這種傳承歷經五千年生生不息，造就了我們這個偉大民族，能夠始終立足於這個險惡星球上的終極力量。

正是：

017

第四篇　以金人秋淚償靖康之恥

太行巍巍埋鐵骨，汾水悠悠嘯長歌。

龍城一脈千秋血，多少兒女壯山河。

■ 靖康奇恥，河洛悲歌 ■

金軍第一次南下，東路軍雖快速進抵東京，但西路軍受阻於太原，完顏斡離不見好就收，議和撤兵。第二次完顏粘罕終於困死了太原堅城，兩路大軍會師東京。各路宋軍接到傳檄，陸續趕來救援，但由於缺乏統一指揮，被金軍分別擊破。

靖康元年十一月，金軍進圍東京。宋廷又派康王趙構為使議和，在路上遇到百姓攔住康王哭泣道：「我們本以為二太子（指完顏斡離不）是守信義的人，結果肅王一去不復返，你此去也必遇害。」副使王雲力主康王議和，喝斥百姓，被亂拳打死。知磁州宗澤、知相州汪伯彥在本州整頓兵馬抗金，都力邀康王前往，最終康王沒有到金營求和。東京城內宋欽宗率領軍民也在勉力支撐，城內只有三萬近衛，而當時的東京開封府是一座奇大無比的城市，這三萬兵分守各門後更顯薄弱。宋欽宗親自登城勞軍，各營無不奮勇殺敵。中途，南道都總管張叔夜率兵入城，是唯一進城的勤王部隊。欽宗又詔令康王為河北兵馬大元帥，集結各地兵馬勤王。

十一月底，宋軍消耗殆盡，金軍攻入東京。最後關頭，張叔

第一章　靖康之難，百年國恥

夜試圖帶兵保護欽宗突圍，但沒有成功，只能向金軍求和。

完顏粘罕、完顏斡離不在金國屬不同勢力，又都不是最高領袖，破城後宋欽宗正式議和，他們卻拿不定主意，只是派蕭慶入尚書檯接管事務，並奏請勃極烈大會定奪。時間很快進入靖康二年，形勢又有變化，在沒有得到朝廷支援的情況下，河北人民自發起來抗金，聚集了數十萬眾。康王在相州開大元帥府，統領河北義軍，向金軍發起反擊，副元帥宗澤率兵13戰皆捷，攻破金軍三十餘寨。宗澤非常急切的想要解東京之圍，要求繼續進軍，都統制陳淬認為現在金軍畢竟勢大，元帥府的這些混成部隊畢竟不能抗衡，應該先穩一步再圖後舉。其實這是一個非常合理的軍事方案，但宗澤救國心切，認定陳淬逗撓，差點將其斬首，強令其進兵，果然遇到金軍主力來援，義軍大敗，失去了解救東京的希望。不過當金軍準備消滅元帥府時，宗澤慷慨陳詞，以報國勵士，諸軍無不捨生奮戰，斬首數千，保衛了帥府，為南宋的重建保留了火種。

靖康二年二月，金軍終於等到金太宗詔令，廢宋太上皇、皇帝，另立異姓為帝，做為金帝國的附庸國。四月一日，金軍撤出東京，將宋朝宗室和重臣千餘人及財寶席捲一空，帶回北方。由於宋徽宗文化修養極高，其珍藏的藝術品和典籍非常多，全部被女真人付之一炬，實為後世遺憾。金帝國立原宋太宰張邦昌為帝，國號楚，做為其在中原的代理人。宋朝宗室近支只有宋哲宗皇后孟氏、康王趙構流落在外，倖免於難。不願

第四篇　以金人秋淚償靖康之恥

屈服的臣民們擁立康王在南京應天府（今河南省商丘市）即位，即為宋高宗，改元建炎，尊孟氏為元祐皇太后，後又改稱隆祐皇太后，重建宋廷，史稱南宋。自太祖結束五代亂世，定都開封以來，凡歷 167 年，傳 9 帝，「北宋」這個時代結束了。

造成靖康之難的確實有一些客觀原因，比如首都的地理位置缺陷，金軍鐵騎可以通過開闊的華北平原長驅直入；其次是主力部隊的布防問題，當時宋軍的戰鬥力過分集中在陝西軍，又被西夏所牽制，無法及時救援京師等等。

但除了這些次要的客觀理由，宋廷毀約滅遼、不對金國加以戒心、無原則信任降將郭藥師，這一連串人為的弱智決策才是真正的主觀原因。現代很多人將靖康之難歸咎於徽宗朝的政治黑暗，又有些人認為是宋朝缺乏「尚武」精神云云，這些無聊的汙衊並無助於後人總結教訓。事實上，很多有識之士都認定禍首就是——王安石。

對，您沒有看錯，靖康之難的禍首正是「中國 11 世紀偉大的改革家」王安石。

按照宋朝的權力設計，皇帝、宰執、文官形成三足鼎立的制約態勢，做出一項戰略決策需要通過很多環節，接受很多監督，並非某些人頭腦一熱就能通過。但新黨人士為了自身利益，與皇帝合作，壓倒反對勢力，形成了制約很小的權力陣營。滅遼這種智力不正常的戰略，明顯是某些人的好大喜功，在正常的朝政下不可能通過，也只有皇帝、首相、總司令沆瀣

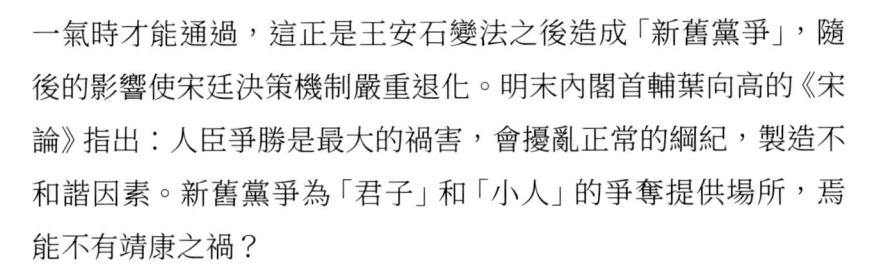

一氣時才能通過，這正是王安石變法之後造成「新舊黨爭」，隨後的影響使宋廷決策機制嚴重退化。明末內閣首輔葉向高的《宋論》指出：人臣爭勝是最大的禍害，會擾亂正常的綱紀，製造不和諧因素。新舊黨爭為「君子」和「小人」的爭奪提供場所，焉能不有靖康之禍？

中國人一向認為改革是好事，以至於很多人分不清好的改革和壞的改革，經常一概而論，王安石的熙寧變法，這場奸臣奪權的鬧劇也被混淆其中。

在現在看來，靖康之難應該算是中華民族的內部矛盾，但它無疑是漢民族歷史上的一場大劫，更是宋王朝的百年國恥。這個國恥，宋王朝用了百年才終得洗雪，南宋和金國之間的百年戰爭遍布關陝黃土、秦嶺蜀山、河洛中原和江淮兩岸，遠比在沙漠中打轉的宋夏戰爭更加激烈震撼！

第二章
建炎中興

■ 風雨飄搖中重新挺立 ■

張邦昌雖然被金人冊立為帝,但他自己也不敢真把自己當皇帝,而是奉立宋高宗,後來還被封為太傅、同安郡王、奉國軍節度使,但不久後還是被賜死。金軍劫掠東京後並無力駐守,而是盡快退去。金軍退後,宋廷就下一步戰略發生了激烈爭吵,宗澤等要求還都東京,有些人要求遷都避入江南,其中勢力最大的汪伯彥、黃善潛都非常急切的要求高宗避入江南。李綱來到南宋行廷後被任為尚書右僕射,要求積極抗金,推薦張所為河北招撫使,傅亮為河東經制副使,宗澤為東京留守,重新布置河北防線。

宋代尚武風氣濃烈,習武的民間組織非常多,在宋廷崩潰之際,淪陷區人民以這些武術社團為基礎,集結了紅巾軍、五馬寨等很多義軍,自發抵抗金軍。現在宋廷正式招撫他們,也有少數不服招撫,自立為王,後來有些人成為比金軍更大的威脅。河北招撫使司都統制王彥帶領七千軍在太行山區進行游擊

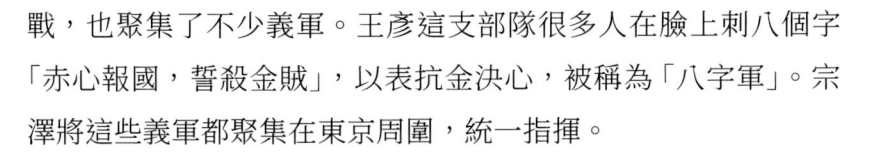

戰，也聚集了不少義軍。王彥這支部隊很多人在臉上刺八個字「赤心報國，誓殺金賊」，以表抗金決心，被稱為「八字軍」。宗澤將這些義軍都聚集在東京周圍，統一指揮。

建炎元年底，金國以張邦昌被賜死為由，分三路南下。當時完顏斡離不已卒，金太祖第五子完顏訛里朵（漢名宗輔）接替右副元帥，率東路軍攻山東，完顏粘罕率中路軍攻河南，完顏婁室率西路軍與西夏配合攻陝西。宋軍現在的防禦力比靖康之難時更弱，宋高宗不再遲疑，逃到揚州。金國東、中兩路軍進展都不順利，尤其是宗澤鎮守東京，連敗金軍。中山府從宣和七年就被圍，支撐三年才糧盡破城。西路軍運氣最好，完顏婁室進攻長安時恰逢地震，金軍擁入，天章閣直學士、京兆府路經略使唐重等宋臣死節。唐重追贈為資政殿學士，諡恭愍。但完顏婁室繼續進軍時，熙河經略使劉唯輔率軍來戰，陣斬金軍先鋒哈番，西路軍士氣大潰，倉皇逃離，可見陝西軍的戰鬥力完全不在鼎盛時期的金軍之下。

抵住金軍攻勢後，宗澤奏請高宗還都東京，全面反攻，但在危險的戰略局勢下，高宗始終沒能回到前線。宗澤一年上書24封都沒有獲批，不由得憂憤成疾。宗澤死前一天長嘆：「出師未捷身先死，長使英雄淚滿襟。」杜甫這首感嘆諸葛亮的名句也正是宗澤的命運寫照。第二天，風雨晝晦，宗澤行將病逝，家人和屬下哭問後事，宗澤沒有談一句家事，只是連呼三聲「過河！」滿懷遺憾的溘然長逝，贈觀文殿學士、通議大夫，諡忠簡。

第四篇　以金人秋淚償靖康之恥

　　宗澤卒後北京留守、河北東路制置使杜充繼為樞密直學士、東京留守，但他對自發抗金的義士態度很差，聚集在宗澤身邊的義士大多離去。金國又窮追高宗，仍分三路南下。完顏婁室仍攻陝西，他先招降府州的折可求，承諾將關中之地都做為折家的世襲領地，於是折可求降金，折家軍8世為大宋守邊167年，一直忠心耿耿，立下戰功無數，到此時終於走到了盡頭。河東一帶只剩下孤城晉寧軍（今陝西省佳縣）。

　　完顏婁室讓折可求到晉寧軍招降，知軍徐徽言登城大罵，引弓射折可求。折可求心中有愧，掉頭離去。完顏婁室率金軍與徐徽言大戰，陝西軍又屢敗金軍，陣斬完顏婁室之子。但完顏婁室愈發急攻，城內水源已盡，徐徽言估計支持不住了，下令燒毀守城器具，與太原路兵馬都監孫昂並肩站在城門中，格殺不少金兵，又準備自到殉國，被部屬救下，大批金兵衝入將其俘獲。完顏婁室出示金太宗制書，許諾只要徐徽言投降，可將陝西封為他的世襲領地。但徐徽言絲毫不為所動，痛罵完顏婁室後慨然就義。宋高宗得到死訊後非常悲痛，認為徐徽言的忠義堪比唐朝忠臣顏真卿、段秀實，追贈為彰化軍節度使，諡忠壯，連完顏粘罕也痛罵完顏婁室不應洩私憤而殺義士。

　　完顏粘罕、完顏訛裡里朵的主力在濮州（即濮陽）城下會合，將濮州城團團圍困。將官姚端突出奇兵，直襲金中軍，完顏粘罕幾乎被擒，赤足逃走，異常狼狽。受辱的完顏粘罕大怒，率軍急攻，33天攻破城池，姚端率死士突圍而去，完顏

第二章　建炎中興

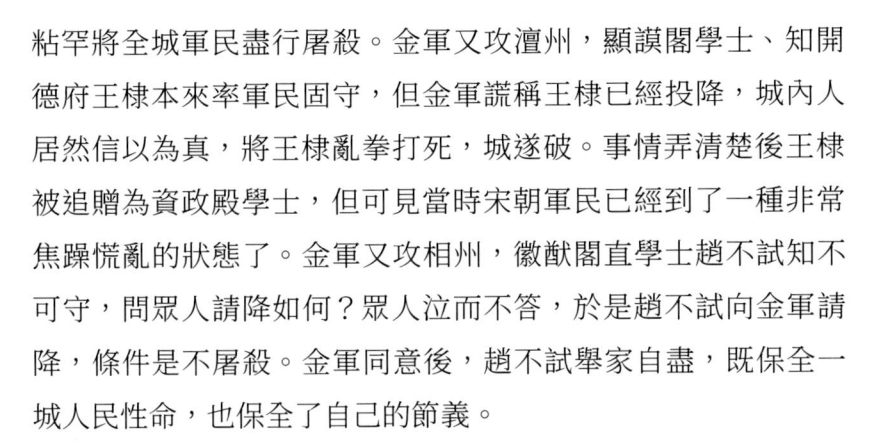

粘罕將全城軍民盡行屠殺。金軍又攻澶州，顯謨閣學士、知開德府王棣本來率軍民固守，但金軍謊稱王棣已經投降，城內人居然信以為真，將王棣亂拳打死，城遂破。事情弄清楚後王棣被追贈為資政殿學士，但可見當時宋朝軍民已經到了一種非常焦躁慌亂的狀態了。金軍又攻相州，徽猷閣直學士趙不試知不可守，問眾人請降如何？眾人泣而不答，於是趙不試向金軍請降，條件是不屠殺。金軍同意後，趙不試舉家自盡，既保全一城人民性命，也保全了自己的節義。

面對金軍的強大攻勢，宋朝軍民絕大多數都選擇了誓死以抗，但是也有不恥之人。知濟南府劉豫早就準備投降，城內軍民不許，劉豫竟將驍將關勝殺害，跑到金營投降。這位關勝就是《水滸全傳》中梁山第五把交椅天勇星關勝的原型，由於其忠勇，被演義成關公的後代。而劉豫這種罕見的忠金姿態得到金人的讚賞，後來扶植為帝，建立偽齊，打造成首席漢奸。在河北、山東、山西快速丟失後，杜充沒有足夠兵力在平原上抵禦女真鐵騎，於是決開黃河口禦敵，整個中原大地陷入水深火熱之中。

建炎三年（金天會七年、西元 1129 年）一月，完顏粘罕攻破徐州，派先鋒完顏拔離速、烏林荅泰欲、耶律馬五率五千輕騎奇襲揚州行廷，宋高宗得報時金騎離揚州已不足百里。此時騎兵的機動優勢又極大體現出來，宋軍主力都還在徐州前線，根本來不及回救行廷，宋廷歷史上最慌亂的一刻出現了：高宗帶

第四篇　以金人秋淚償靖康之恥

近臣乘船渡江快速逃往鎮江，御舟剛駛出瓜州渡口，就看見耶律馬五的輕騎已經趕到渡口！這一段故事在許多野史中被演義成「泥馬渡康王」的故事，格外驚險。高宗又從鎮江逃往杭州，中途許多重臣死於混亂之中，還有一些下落不明。金軍占領揚州後大肆屠殺平民，造成了慘烈的「維揚之禍」，大家都認定是黃善潛、汪伯彥的逃跑政策所致，宋廷將二人罷免。完顏拔離速的奇襲部隊退出揚州後，宋廷暫時恢復了正常，與陝西軍重新取得連繫，以龍圖閣待制王庶為陝西節制使，準備集結陝西軍與金軍對抗。

然而此時又生意外，先期高宗派鼎州團練使苗傅、威州刺史劉正彥護送孟太后到杭州，有一支相對沒有受損的精兵。苗傅認為自己很有功勞，但高宗封賞不夠，於是與劉正彥舉兵叛變，殺死宦官康履、簽書樞密院事王淵。苗傅又說高宗不應即位，要求他禪位於3歲的皇子，孟太后攝政，改元明受，史稱「苗劉兵變」。

按宋朝的制度設計，是不應該出現這種情況的，大家一時都不知所措。關鍵時刻，吏部侍郎張浚立即反應，找到資政殿學士、同簽書樞密院事呂頤浩，要求他簽發軍令，平定叛亂。呂頤浩本來正在遲疑，有了張浚的強烈要求，下定決心調兵平叛。很快，御營前軍統制張俊（俊，不是浚）、御營平寇左將軍韓世忠以及檢校太保、奉國軍節度使、殿前都指揮使劉光世等幾員大將接檄前來平叛。韓世忠率軍猛攻杭州，苗傅奮力抵

第二章　建炎中興

禦，張俊、劉光世相繼支援都未能攻克。韓世忠下令：「現在是以死報國的時刻！士卒凡不面插數矢的都是沒有力戰，皆斬！」於是士卒無不奮勇。但這時苗軍又拿出神臂弓防禦，韓軍確實衝不上去。韓世忠怒目大呼，親自拔刀突前，苗軍終於潰敗。苗、劉二人帶兩千精兵倉皇逃竄，韓世忠急忙找到高宗，高宗見到韓世忠激動得握手慟哭。高宗又詔韓世忠為武勝軍節度使、御營左軍都統制、江浙制置使，立即追擊苗、劉。韓世忠在漁梁驛（今福建省浦城縣）追及苗、劉，持戈挺身在前，苗軍士卒望見紛紛道：「這是韓將軍！」紛紛驚潰。後來韓世忠抓住苗、劉，均伏法，宋高宗復位。

　　高宗復位後封賞功臣，首功之臣張浚晉封中大夫、知樞密院事，年僅33歲，成為寇準以來最年輕的宰執。呂頤浩晉封同平章事兼御營使，成為首相。韓世忠晉封檢校少保、武勝昭慶軍節度使、御營左軍都統制，高宗手書「忠勇」軍旗，封其妻梁氏為護國夫人。武將兼領兩鎮節度、妻同受封，韓世忠都開了先例。張俊晉封鎮西軍節度使、御營右軍都統制。

　　苗、劉兵變是一場非常意外的突發事變，按照宋朝的時代特徵，本不應該發生這樣的事情，但快速處理得也很乾脆。當一個規範的中央集權國家建立起完善的組織結構後，或許有人能趁混亂的時局作一把亂，但很快就會被當作制度上的誤差處理掉。宋廷趁機進行了大規模改制，組建了更適時的團隊結構，尤其是重新設定御營司，成為皇帝親掌禁軍的機構。高麗、越

南等藩屬國也找到了新的朝廷，重新遣使來朝，宋廷終於挺過了靖康之難這場重大的公共危機，漸漸走回正軌。而金帝國也扶植主動投降的劉豫為帝，國號大齊，代理統管華北平原，自身也進行了一些改革，以適應統治中原其他民族的需求。

靖康之難這場突襲暫告一段落，戰鬥，現在才真正開始。

■ 黃天蕩水戰 ■

金帝國進行大規模改制後，金太祖從弟、代表漢化勢力的完顏撻懶（漢名昌）逐漸掌權，他與靖康被俘的宋臣關係甚密。金太祖第四子完顏兀朮（ㄓㄨˊ，漢名宗弼，野史稱金兀朮）也開始掌握軍權。建炎三年閏八月，完顏撻懶決定兵分四路攻宋，完顏婁室仍攻陝西，完顏撻懶自率一軍攻山東、淮北，完顏拔離速、耶律馬五攻湖北，完顏兀朮率主力出歸德軍，目標直追宋高宗。

這一次金軍在北方依然順利，完顏拔離速探得孟太后在南昌，快速攻克南昌的北面屏障，直取南昌，孟太后倉皇逃離。十一月初，完顏兀朮也快速攻克和州（今安徽省和縣），又進攻採石渡準備渡江。知太平州郭偉反覆擊敗金軍，完顏兀朮又轉攻蕪湖，又被郭偉率軍擊敗。完顏兀朮此刻一心要窮追高宗，轉攻建康西南的馬家渡。鎮守建康的是尚書右僕射、江淮宣撫使杜充，他忙遣都統制陳淬率三萬軍拒戰，又遣御營前軍統制王燮

第二章　建炎中興

（ㄒㄧㄝˋ，燮字左邊應該還有個火字旁）率萬餘軍助戰。雙方苦戰十餘回合不分勝負，但王燮率軍先遁，造成陳淬失利，完顏兀朮強渡馬家渡成功。高宗當時正在越州（今浙江省紹興市），本欲效模擬真宗親臨澶淵的故事，但此時的形勢豈能與當時相比，諸臣都勸他暫避，於是退往明州（今浙江省寧波市）。

在金軍快速插入時，很多叛軍和盜賊也趁勢獨立，不少高級官員被盜賊殺死，浙江的形勢非常危急，最後宋廷決定在定海（今浙江省鎮海區）登船，避入海中。金軍進攻明州，張俊和守臣徽猷閣待制劉洪道帶兵擊敗之，但完顏兀朮大軍隨後壓到，張俊率兵撤離。金軍占領明州後又快速攻克杭州臨安府。完顏兀朮由於戰功卓越，被宋人稱為「四太子」，取代了「二太子」完顏斡離不，成為宋人心目中金軍的精神化身。此時完顏兀朮已經被勝利衝昏了頭腦，竟然放棄騎兵優勢，遣部將阿里、蒲盧渾徵集海船入海追擊。女真的文明程度雖然一日千里，而且此時戰局占優，但要和漢人進行海戰還為時過早。金軍艦隊在昌國（今浙江省舟山市）沿海遭遇風雨，一支正規海軍竟無法處理。宋樞密院提領海船張公裕趁機率宋軍大船衝擊，金軍豈能抵抗，大敗而逃，損失不計其數。

完顏兀朮本就是孤軍深入，遭此大敗後連忙宣布「搜山檢海已畢」，開始北撤。金軍退到鎮江口時發現韓世忠的大軍已經駐防，金軍一時進退不得，金將「鐵爪鷹」李選向韓世忠投降。韓世忠約完顏兀朮在江上決戰，完顏兀朮不得已答應。韓世忠只

第四篇　以金人秋淚償靖康之恥

有八千兵,而兀朮有十萬大軍,但韓世忠毫無畏懼,準備和南下以來從無敗績的四太子打上一仗。

建炎四年三月十五日,宋金兩軍按約出戰,雙方主將韓世忠、完顏兀朮均親自指揮戰鬥。金軍的目標是突破宋軍封鎖,只要在北岸登陸就可以乘馬逃離,但宋軍艦隊守住北岸,豈容金軍逃脫。金軍船小,但畢竟人多,而且很靈活,士卒在船中射箭,火力異常凶猛。韓世忠的夫人梁氏親自登上樓船,擊鼓助威,宋軍士氣大振,向金軍發起一輪又一輪的猛攻,這便是野史中著名的「梁紅玉擂鼓戰金山」。在宋軍的澎湃攻勢下,金軍終不能抗,向韓世忠求和,被韓世忠嚴詞拒絕。完顏兀朮無奈,只好率艦隊沿長江南岸向西機動迂迴移動,尋求突破的機會。韓世忠則始終在北岸並行,且戰且走,最後將金軍逼入建康東北 70 里處的黃天蕩,以大艦堵住出口港。完顏撻懶派大將太一孛堇(《金史》作移剌古)率軍來援完顏兀朮,駐在江北,被韓世忠艦隊抵住不能與完顏兀朮軍相會,相持了 48 天。完顏兀朮見友軍來援,集結兵力發起總攻,韓世忠以海艦反擊,用鉤索掀翻不少金軍船隻,又將艦隊分為兩陣,夾擊金軍。

完顏兀朮只見本方艦船被依次掀翻,眼見就要輪到自己的旗艦,只好親自站到船頭向韓世忠求和,祈求得非常哀切。韓世忠慨然道:「還我兩宮(指徽宗、欽宗),復我疆土,則可以相全。」這顯然又超出了完顏兀朮的職權範圍,只好再戰。過幾天完顏兀朮實在扛不住又求和,韓世忠用箭把他射走。完顏兀朮

第二章 建炎中興

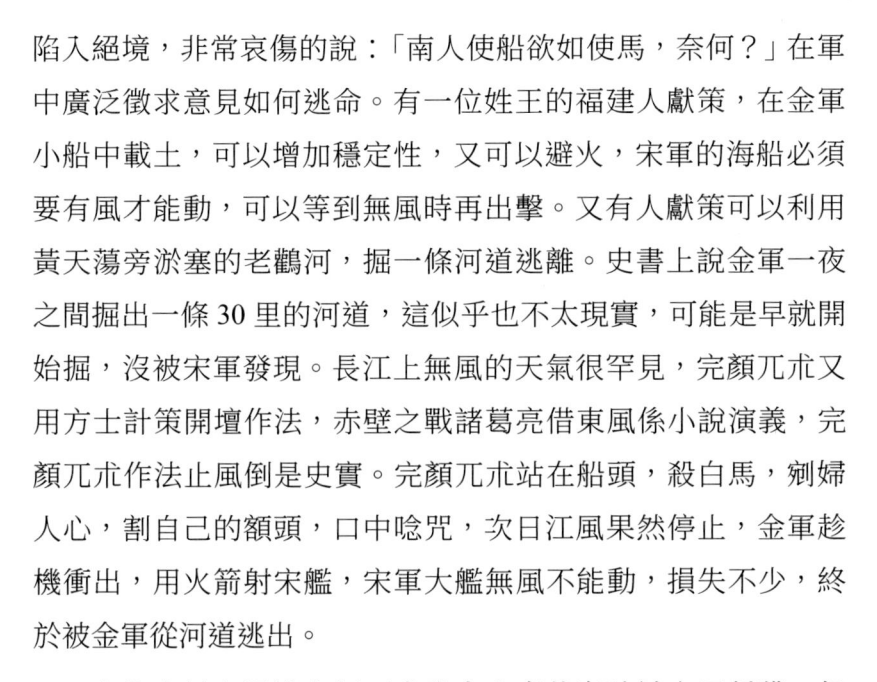

陷入絕境,非常哀傷的說:「南人使船欲如使馬,奈何?」在軍中廣泛徵求意見如何逃命。有一位姓王的福建人獻策,在金軍小船中載土,可以增加穩定性,又可以避火,宋軍的海船必須要有風才能動,可以等到無風時再出擊。又有人獻策可以利用黃天蕩旁淤塞的老鸛河,掘一條河道逃離。史書上說金軍一夜之間掘出一條30里的河道,這似乎也不太現實,可能是早就開始掘,沒被宋軍發現。長江上無風的天氣很罕見,完顏兀朮又用方士計策開壇作法,赤壁之戰諸葛亮借東風係小說演義,完顏兀朮作法止風倒是史實。完顏兀朮站在船頭,殺白馬,剜婦人心,割自己的額頭,口中唸咒,次日江風果然停止,金軍趁機衝出,用火箭射宋艦,宋軍大艦無風不能動,損失不少,終於被金軍從河道逃出。

有些史料上還說完顏兀朮登金山廟偵察時被宋軍俘獲,但均語焉不詳,應該是錯的。韓世忠在金軍氣焰正盛時,以八千兵力痛擊完顏兀朮十萬主力大軍,極大的鼓舞了逆境中的宋朝軍民,因功拜檢校少保、武成感德軍節度使、神武左軍都統制。除完顏兀朮倉皇北逃外,完顏撻懶部也受到打擊,退出江淮。完顏拔離速部孤軍深入,更遭重創,歸途中遭到伏擊,大將耶律馬五被弓箭手牛皋生擒。金軍這一次南侵很多部隊都冒進輕入,歸途遭到重創,自靖康以來的狂熱有所收斂,更意識到突入江淮與宋軍水戰是完全不現實的,雙方的戰略重心開始轉移到陝西。

第四篇　以金人秋淚償靖康之恥

■ 中興當自關陝始 ■

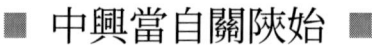

　　張浚進入決策層後，首先提出要中興國家，關鍵在於關中陝西。陝西軍一直是宋軍精銳所在，靖康之難中陝西軍沒能派上用場，現在宋廷徹底放棄進攻西夏，與其議和，以全力對抗金軍。知樞密院事張浚出任川陝宣撫處置使，赴秦州（今甘肅省天水市）主持軍政。

　　金軍左元帥府完顏婁室部多次進攻陝西，陝西軍缺乏統一排程，遭到金、夏兩國夾擊，應付得非常艱苦。右武大夫、寧州觀察使李彥仙駐守陝州（今河南省三門峽），是中原進入關中平原的要衝，也是宋朝在關東的最後一座孤城。李彥仙在此堅守3年，有力的打擊了金軍，為張浚入主陝西留下了充裕的時間。

　　李彥仙本名李孝忠，本是種師中部下，因上書彈劾李綱不懂軍事遭到追捕，易名李彥仙逃回陝西，被陝州守將李彌大收在帳下。建炎元年金軍進攻陝州，經制使王燮不能抵抗，率部逃離，金軍占領陝州，石壕尉李彥仙在城外三觜山聚眾抵抗。李彥仙道：「我是外地人，並不是來守衛自己的祖墳，你們如果不奮勇抵抗，金人就會把你們的屍體丟在街上！」於是民眾無不聽從號令。金軍來攻三觜山，李彥仙佯敗誘敵，繼而伏兵大起，斬首千餘級，趁勢攻占五十餘寨。陝州城內有很多投降的宋人，李彥仙暗中連繫這些人，內外夾攻，收復陝州，周圍的

第二章　建炎中興

郡縣也紛紛響應。高宗得報高興的說：「李彥仙再三奏捷，朕高興得睡不著覺。」任李彥仙為陝州安撫使。李彥仙將家屬都遷來陝州，表示要舉家與城共存亡。時人無不感念他的忠義，很多義軍也願意接受號令。

留在陝西的金將烏魯撒拔屢遭李彥仙擊敗，建炎三年底，完顏婁室親率大軍來攻。李彥仙在山西南部中條山設伏，大敗金軍，完顏婁室僅以身免。但李彥仙知道完顏婁室還將大舉來攻，請張浚立即派兵牽制。果然，完顏婁室讓降將折可求率軍十萬來攻，分成十隊，從建炎四年元旦起，每天一隊輪流進攻，號稱一月必克。李彥仙淡定如常，在城上作樂以示閒暇。金軍使出各種招數攻城，被李彥仙一一化解，尤其是將佐宋炎異常神勇，一人便射殺千餘敵兵。張浚傳檄涇原都統曲端赴援，曲端本是陝西軍中威望最高的將領，但卻嫉妒李彥仙升官比自己快，拒絕出兵，張浚自己從長安出兵卻又被金軍所阻。

陝州圍困踰年，城內糧草耗盡，李彥仙將豆子分給軍士們食用，自己只飲豆汁，經過大小二百餘戰，殺傷無數敵軍後終於不支。但完顏婁室愛惜李彥仙的忠義才能，許以河南兵馬元帥之職招降，李彥仙斬殺來使。完顏婁室不甘心，又派人喊話：「只要投降，不計前嫌！」李彥仙怒道：「吾寧為宋鬼，安用汝富貴為！」用強弩射死使者。完顏婁室發起總攻，守城士卒已盡，金軍攻入城內。李彥仙率眾巷戰，「矢集身如蝟，左臂中刃不斷，戰愈力。」城內百姓也無不奮力抵抗，雖婦女亦登屋頂擲

第四篇　以金人秋淚償靖康之恥

瓦塊擊敵。完顏婁室還是愛惜李彥仙，懸賞生擒，結果李彥仙換了衣服逃脫出城。正當李彥仙準備離去時卻聽說金軍開始屠城，慟哭道：「金軍之所以屠城，都是因為我堅守不下的原因，我沒有面目再活了！」於是投河而死，年僅36歲。麾下數十員將吏全部壯烈殉國，無一人降敵。李彥仙歿後贈彰武軍節度使，諡忠烈，後改忠威，立義烈廟。

李彥仙在關東盡失的情況下，堅守陝州逾年，拖住了金軍西進的步伐，為張浚重整陝西軍贏得了時間。而陝州百姓的頑強抵抗也顯示了人民的無比英勇，漢族人民並非如某些人所說的像綿羊一樣任隨宰割，而正是因為盡全力抵抗，不能做為奴隸所以才慘遭屠戮。

正是：

淚眼潼關路，我身獻何處。

滿城殉節義，無人肯相負。

■ 別了！陝西軍 ■

張浚可能是宋朝歷史上權力最大的地方官，朝廷基本上把川陝的一切處置權都交給了他，在現有法制範圍內，川陝就是他的獨立王國。比如李彥仙死後追贈為節度使，就是張浚根據制度直接簽發的，而沒有上報朝廷。所以很多的人說宋朝限制地

第二章 建炎中興

方官的權力,害怕他們坐大,這顯然是不符合事實的。

所謂川陝,實際上是戰國後期秦國的土地,川陝與中原相對隔離,有潼關、三峽之險,易守難攻。而關中平原和成都平原都是中國最富庶的地區之一,都曾有過「天府之國」的美譽,戰國時期秦國也就因為占據此二處,才能併吞六國,完成統一大業;張浚也是準備以秦國模式復興中原。到了成都,張浚主持公祭諸葛亮的武侯祠,以表從四川中興的決心。

首先是要整頓財政,張浚任命財經高手趙開為隨軍轉運使,總領四川財賦。趙開是四川本地人,既是財經高手,又熟悉當地情況,有「一趾步而能運百貨,一咳唾而能濟三軍」的美譽。他執掌財權後沒有增加稅賦,而是透過市場運作的方法,在很短時間內改善了川陝宣撫司的財政條件,尤其是非常有創意的使用了「錢引」和通貨膨脹的金融工具,為張浚融得了大筆資金。趙開在戰爭年代透過市場化的運作方式,沒有直接增稅就提高了國家財力,又沒有增加百姓的經濟負擔,無疑是南宋中興的一大功臣,只是由於他從未帶兵打仗,所以在歷史上名氣不大。試想如果明朝末年能夠有一些類似的靈活財政手段,勢必不會導致亡國亡天下的悲劇。

其次,張浚對陷入混亂的陝西軍進行了整頓。此時陝西軍中威望最高的將領莫過於曲端,在失去統一排程的時刻,曲端率領涇原軍多次擊敗金、夏兩軍,成為陝西軍新的精神支柱。張浚以曲端為宣州觀察使、威武大將軍、宣撫司都統制兼知渭

州，登壇拜將時，軍士歡聲雷動。張浚又帶來一個劉子羽，其父劉韐曾任河北河東宣撫副使，鎮守真定府時壯烈犧牲，劉子羽扶柩回鄉，誓與金人勢不兩立。其後劉子羽又順利平定擁立張邦昌的武將范瓊，被張浚視為奇才，做為軍師帶到陝西，任命為宣撫使司參贊軍事。張浚又提拔趙哲、劉錫、劉錡、吳玠、吳璘等年輕將領分掌陝西六路軍，終於將陝西軍重新整頓起來。陝西軍本身的實力完全可以勝過鼎盛時期的金軍，只是因為各種客觀原因未能參戰才造成靖康之難。張浚整頓好這支主力軍後躊躇滿志，認為透過一次雷霆出擊，一雪靖康之恥的機會就握在自己手中。

建炎四年（金天會八年、西元 1130 年）春，完顏婁室與完顏撒離喝率軍入關，曲端遣涇原路馬步軍副總管吳玠在彭原店（今陝西省彬縣）拒戰。金軍鐵騎居高臨下，俯衝吳玠步兵方陣，本以為勝券在握，未料現在才遇上真正的陝西軍，像撞在銅牆鐵壁上一般。繼而吳玠一聲令下，宋軍勁弩、重步兵衝出，高傲的女真鐵騎頓時陷入慘境。金軍主將完顏撒離喝從未見過在平原上正面力敵女真鐵騎的步兵，一時竟不知所措，害怕得當眾大哭起來，後來被宋軍笑稱為「啼哭郎君」。勉強逃脫的完顏撒離喝與完顏婁室合兵後整軍復戰，吳玠消耗也很大，要求曲端立即增援。但曲端又沒有支援友軍（我說的是「又」），吳玠擋不住大批金軍，撤離彭原店。回來後曲吳二人相互彈劾，曲端官大一些，把吳玠降為知懷德軍，但是張浚卻看出了吳玠的才

第二章　建炎中興

能,將其調任秦鳳路副總管,並授忠州防禦使。

有了彭原店大捷,本就躊躇滿志的張浚更是信心爆棚,下令集結陝西六路主力,準備痛擊金軍,收復中原,甚至暢想到了收復燕雲和遼國故土。但在參謀會議上卻遭到曲端迎頭一盆冷水,曲端認為必須準備充分後再出兵,此時出兵必敗。張浚大為惱怒,問如果不敗怎麼說?曲端說如果不敗自己願輸項上人頭,兩人居然在軍中立下字據,這種看似小說中才會出現的小娃娃賭氣場景,竟然就發生在兩位掌握國家前途命運的將相之間。事實上,高宗派張浚主政川陝時約好三年後出兵,後來又放寬至五年,現在還遠遠沒到預定出擊的時間。曲端這個人雖說總是不援助友軍,但用兵謹慎還是合理的。張浚大怒之下降曲端為海州團練副使,萬州(今重慶市萬州區)安置,合永興帥吳玠、環慶帥趙哲、熙河帥劉錫、涇原帥劉錡、秦鳳帥孫渥五路人馬,號稱40萬大軍,向金軍發起全面反擊。事實上40萬是不可能的,據酷愛誇大對方兵力的《金史》記載宋軍共有18萬,而且是包括了後勤部隊和民夫,作戰部隊應該在十萬左右。但這畢竟是陝西軍所存的精華,而且宋軍最後的騎兵部隊也都在其中,可以說是宋軍的家底,也難怪張浚會如此自信。

宋軍首先進攻,快速收復長安、鄜延等重鎮。完顏婁室非常驚訝宋軍會在秋季主動進攻,因為秋季恰恰是戰馬最剽悍、乾草最充足的季節,宋軍應該在戰馬最不耐熱的夏季進攻才合理。完顏婁室清楚自己的兵力絕不足以抵抗集結起來的陝西軍,

向都元帥府請援。金帝國也充分意識到這是一場空前規模的大會戰,全面收縮各方戰線,以右副元帥完顏訛里朵為總指揮,並將東路軍的完顏兀朮等部均調入陝西助戰,僅留完顏撻懶一部在東線牽制,參與陝西會戰的金軍主力大約也有十萬左右作戰部隊。

張浚坐鎮邠州,指揮大軍向東繼續開進,後勤部隊大多從四川開來,綿延千里。宋軍前軍由名將劉仲武之子劉錫總指揮,在耀州富平縣(今陝西省富平縣)遇到金軍主力,雙方紮營準備會戰。富平在關中平原東部,屬平原地勢,非常利於金軍騎兵衝擊,但也利於宋軍擺開大陣,只要金軍願意正面硬拚,還是宋軍勝算較大。關鍵在於宋軍不能把弱點暴露在金軍面前,否則迅速的女真鐵騎很容易抓住戰場上轉瞬即逝的機會。那宋軍的弱點在哪兒呢?就是綿長的後勤補給線,尤其是眾多民夫跟隨軍中,如果被金軍做為突破口,後果將不堪設想。對於此,宋軍安排的陣形是將民夫放在右翼,由趙哲的環慶軍保護,前有一片蘆葦沼澤,重騎兵不能衝過;劉錫之弟劉錡率曲端調教出來最精銳的涇原軍在左翼平原,準備和金軍鐵騎正面對抗,這個安排應該說還是合理。

張浚在後方非常急躁,宣布能生擒完顏婁室者,平民可直接封節度使,並多次向金軍下戰書。但完顏訛里朵始終保持冷靜,一直沒有貿然出兵,而是靜候戰機,最後同意九月二十四日決戰!

第二章 建炎中興

　　二十四日辰時，宋軍擺開設計好的大陣，開始向金營推進。令人驚奇的是，劉錫的中軍大帳居然升起了曲端的軍旗！看來他的精神地位實在太高，以至於到了需要冒充他安定人心的地步。金軍拖延許久才開門迎戰，完顏訛里朵、完顏婁室坐鎮中軍；完顏阿離補率西路軍組成左翼，對陣宋軍右翼環慶軍；完顏兀朮率右帥府軍、漢軍、合扎猛安親軍組成右翼，對陣宋軍最強的左翼涇原軍。完顏兀朮麾下也薈萃了金軍的精華，其中有皇室直屬的合扎猛安親軍，還有韓常的漢軍萬人隊。韓常是一位極其罕見的武將，可以開三石硬弓，正史上只有宋將岳飛的武力能與其相當。此外更有金軍最精銳的重甲兵團「鐵浮屠」，鐵浮屠人馬均被重甲，如同一尊鋼鐵浮屠（浮屠是佛教用語中塔的意思），武器是數十斤的狼牙棒，頭頂尖角鋼盔，堪稱牛頭人一族的最強戰士，是與契丹鐵林軍、西夏鐵鷂子齊名的經典重甲騎兵。也有一些考證認為鐵浮屠不僅是騎兵，也包括裝甲步兵。這些重甲兵的出現並不是偶然，而是游牧民族跟隨文明步伐的必然，漢民族在宋代連續面對了這三支經典重騎兵，這在面對匈奴、突厥的漢唐是難以想像的事情。

　　金軍首先使用「柺子馬」戰術，以中軍為軸心，兩翼騎兵像柺子合攏一般強勢包抄。這是大規模騎兵作戰的常見戰術，但金軍的柺子馬中帶有大量鐵浮屠，所以分外厲害，自起兵反遼以來從無敗績。後世許多傳說將柺子馬描述成一種用鉤索連在一起的連排重騎兵，甚至一馬倒地，其餘幾匹跟著倒，這其實

第四篇　以金人秋淚償靖康之恥

是不現實的。宋軍步兵方陣也是當世最強戰陣之一，這一次金軍左翼首先受阻於沼澤，而更強大的右翼則必須要與劉錡的涇原軍從正面對抗。

面對完顏兀朮的金軍精銳，年輕的劉錡毫無懼色，率涇原軍抵住了金軍前鋒的衝擊。由於金軍柺子馬戰術失效，沒能形成包抄，反而被宋軍的側翼機動部隊包抄。金軍前鋒是萬戶赤盞暉部，金軍鐵甲、狼牙棒固然厲害，宋軍重甲步兵的大斧、重錘也絕非易與。在這場鋼鐵的碰撞中，金軍雖然藉助了馬匹的力量，但最終還是支持不住，開始退卻。劉錡抓住戰機，指揮主陣和側翼陣向金軍發起猛烈的鉗形攻勢，赤盞暉勉力支撐後實在抵敵不住，終於潰散。赤盞暉部敗兵被涇原軍趕著衝過完顏兀朮、韓常的軍陣，如果換作訓練稍差的部隊早就被衝散了，但合扎猛安和漢軍萬人隊任由潰兵如潮水般沖刷而過，依然保持著良好隊形準備迎接涇原軍的攻勢。劉錡也深知自己面對的是什麼對手，在潰兵的掩護下快速包抄對方優勢兵力，使金軍右翼陷入機動包圍。兩軍從辰時戰至日中，戰鬥異常激烈。韓常被流矢射中左眼，卻用手將箭桿拔出，抓了一把土塞進眼眶止住血繼續奮戰！在他這種精神的鼓舞下，金軍奮起神威，怒吼著發起反擊。宋軍也被敵人的血性所激發，兩支鋼鐵洪流激烈碰撞在一起，發出了震天裂地的巨響，直教日月無光，風雲變色！

完顏訛里朵見右翼軍吃緊，如果被宋軍擊潰，全軍必敗無

第二章　建炎中興

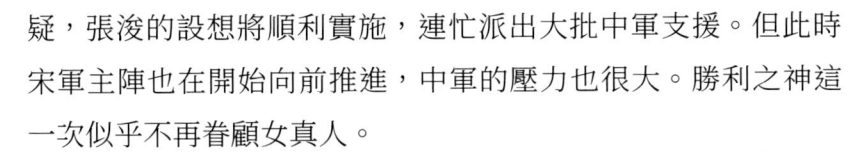

疑，張浚的設想將順利實施，連忙派出大批中軍支援。但此時宋軍主陣也在開始向前推進，中軍的壓力也很大。勝利之神這一次似乎不再眷顧女真人。

　　危急之中，身帶重疾的完顏婁室向完顏訛里朵請纓去攻擊宋軍民夫營寨，這是金軍最後一線希望。完顏婁室拖著病體率三千輕騎來到陣前，完顏阿離補正與環慶軍激戰，在他的掩護下，完顏婁室極速掠過環慶軍，朝民夫營前的沼澤衝去！以女真輕騎的速度，毫無準備的宋軍已經完全來不及反應。這時完顏婁室軍拿出攜帶的乾草和薪柴填在沼澤裡，輕騎兵在這條便道上飛馳而過。環慶軍背後的民夫正在觀賞前軍作戰，怎料金軍騎兵會出現在自己面前！此刻如果環慶軍的主將指揮得當，在抵住金軍左翼的前提下，分兵配合中軍夾擊這股輕騎還是很有可能的，但令人驚奇的事情發生了：環慶經略安撫使趙哲消失了！具體原因史書上沒有明載，總之當時環慶軍沒有主帥。宋軍數萬民夫遭到毀滅性打擊，哭喊聲、慘叫聲立即從宋軍側後方傳來。完顏婁室又驅趕著這些民夫湧向環慶軍，沒有主將的環慶軍再也不能抵抗金軍和民夫的雙重衝擊，率先潰散。而此刻劉錫也來不及派兵頂上環慶軍的空檔，因為完顏訛里朵已經發起了全面反攻。

　　「反──攻！」

　　滿臉血泥模糊的韓常發出可以震開秦嶺的怒吼，全體金軍鼓足血氣，向宋軍發起了氣勢如虹的反擊。本來占據優勢的涇

第四篇　以金人秋淚償靖康之恥

原軍此刻也不得不後退與中軍會合，主帥劉錫還算冷靜，收攏陣型，在弓弩火力的掩護下有秩序的撤離戰場。血戰一整天的金軍也再無力追擊，只好任由宋軍組成建制的撤離。

富平之戰，這場宋金戰史上最大規模的大兵團會戰，以金軍險勝告終，張浚「中興當自關陝始」的大計開張不利。少年得志的張浚從天堂跌入地獄，雄心萬丈的他從來沒考慮過自己會失敗，以至於在失敗突然來臨時徹底崩潰，放棄了頑強反擊。有人建議張浚重新集結陝西軍再戰，但他卻將陝西軍都撤入四川。雖然陝西處於金、夏夾擊的態勢下，確實很難防守，但張浚這樣放棄也有心態過差之嫌。富平敗後，人心惶惶，許多動搖分子投向金國，陝西軍全面敗退。

戰後張浚將劉錫免職，又下令斬趙哲，但趙哲不服，據理力爭後仍被斬。他在戰鬥中的突然消失有很大疑問，史書已無明載，但從他被斬後的議論來看，確實有一些冤情。而為平兵憤，張浚表揚了涇原軍的突出表現，並以此居功於曲端。但由於曲端性格上的嚴重缺陷，持才傲物，幾乎得罪了身邊所有的人，當下王庶、吳玠等人紛紛站出來指控「曲端必反」，再加上他的一些涇原軍舊部投降金軍，數罪併罰，投入大獄。張浚故意任曲端的仇人康隨為提點夔路刑獄，將曲端害死在獄中，年僅41歲。後來張浚被秦檜排擠罷相，曲端才追復為宣州觀察使，諡壯愍。

在張浚放棄抗爭的情況下，劉子羽主動請纓趕回秦州，重

新召集諸路軍，一時竟聚集起十餘萬部眾。陝西軍實力猶存，但富平潰敗和張浚對趙哲、曲端的不當處理引起人心渙散。環慶路統制官慕容洧本是世襲蕃將，害怕受罰，帶部投向金國。慕容洧開了這個口子後，又有大批將吏投金，留守的劉錡也被迫撤入四川。隨後陝西六路全部被金軍占領，雖然此後兩軍仍反覆爭奪，但宋軍的穩定防線已經後退至秦嶺、渭水，防衛蜀中四路，陝西六路軍分解到南宋諸軍中，陝西軍這個名稱退出了歷史舞臺。

陝西軍，這支部隊曾經承載著宋人太多的光榮與夢想，國人都將再現漢唐天威的希望完全寄託在他身上，他也透過百年浴血奮戰，距離偉大的目標只有一步之遙，卻不料突然從頂峰墜落谷底，無數忠直的將士在歷史鉅變面前無比驚愕。當最後一名陝西軍將士踏入四川界內時，回首這片英雄的黃土，一抹如血的殘陽掠過冰冷的陝西界碑，無數歷史畫面浮現腦海，這些鋼鐵鑄就的關中漢子們，再也難忍，淚雨磅礴。

正是：

君不見，旱海中，黃沙映血旌節紅。

君不見，賀蘭旁，碧血橫空浩氣長。

曹瑋全師三都谷，十萬胡塵一戰空。

夏竦韓琦范仲淹，文人策馬戰梟雄。

李憲揮軍入天都，王韶提兵伏青唐。

第四篇　以金人秋淚償靖康之恥

元豐五路絕戈壁，浴血百萬好兒郎。
章椠庭中簽號令，梁後拋衣不能亡。
童王貪功滅契丹，壯士東去逞凶強。
靖康之恥因誰過，西軍不能保故鄉。
富平一潰別陝西，點點白浪入長江。

■ 力保四川的吳家兄弟 ■

由於張浚的慌亂，宋軍完全放棄了關中平原，而金軍也得隴望蜀，繼續向四川出發。所幸建炎四年也是金國多事之秋，年底，諳班勃極烈完顏斜也薨。按女真部祖制，兄終弟及，斜也做為金太祖、金太宗之弟，一直是金帝國皇儲。但現在他先於金太宗去世，就引發了皇儲之爭。太祖、太宗兩系勢力激烈鬥爭兩年，終於採取了一個折中方案：立金太祖嫡長子完顏繩果的長子完顏合剌（漢名亶）為諳班勃極烈，暫時解決了皇儲之爭。但之後各派勢力還是繼續鬥爭，這也是封建制度的政權型態所難以避免的。

為確立皇儲問題，完顏訛里朵匆匆趕回上京，但金軍新的精神領袖完顏兀朮留在陝西，準備繼續進攻四川。按照金軍現在的勢頭，如果攻取四川，沿江淮布防的南宋將失去最重要的經濟來源和上游戰略屏障，金軍採取晉朝合圍滅東吳的辦法，

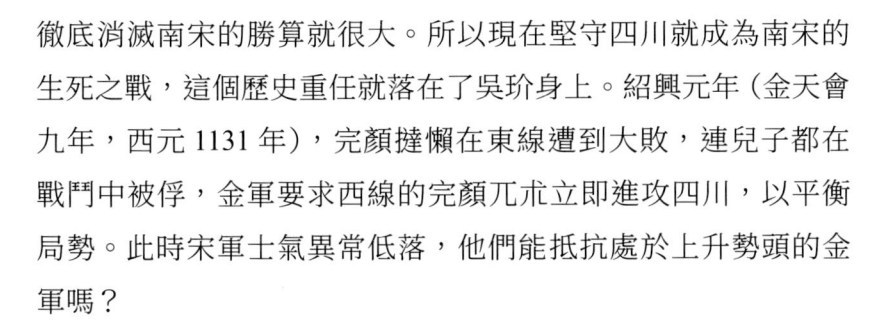

徹底消滅南宋的勝算就很大。所以現在堅守四川就成為南宋的生死之戰，這個歷史重任就落在了吳玠身上。紹興元年（金天會九年，西元1131年），完顏撻懶在東線遭到大敗，連兒子都在戰鬥中被俘，金軍要求西線的完顏兀朮立即進攻四川，以平衡局勢。此時宋軍士氣異常低落，他們能抵抗處於上升勢頭的金軍嗎？

當時宋軍普遍認為應退守漢中以保衛入蜀通道，但負責斷後的吳玠卻認為應該保大散關、和尚原。大散關在今陝西省寶雞市西南20公里左右，是整個秦嶺山脈相對易於通過的地方，號稱「川陝咽喉」，寶成鐵路、川陝公路均從此通過。和尚原則是大散關以東的一片小平原，可以做為戰場。吳玠認為只要占據此處，金軍則不敢越過他進入四川，這才是保蜀的辦法。於是吳玠收攏散兵，在大散關、和尚原修葺營寨，準備死守。五月，金太宗從姪沒立出鳳翔，別將烏魯、摺合出階州（今甘肅省武都區）、成州（今甘肅省成縣），合數萬騎，會攻和尚原。吳玠只有數千臨時收攏的散兵，在投金的大潮中，很多人準備挾持吳玠兄弟投金。後來事情洩漏，吳玠也沒有追查，而是聚集眾將歃血為盟，曉以大義，指出此戰關係到國家民族的危急存亡。將士們無不感泣，紛紛表示願意追隨他死戰報國。鳳翔百姓也紛紛輸送糧草物資，金軍用了很多辦法仍屢禁不止。

烏魯、摺合先到和尚原，吳玠首先占據山路險要，金軍戰馬不能行，於是棄馬步戰，結果被大敗，又遇到大風雨，只好

第四篇　以金人秋淚償靖康之恥

退去。沒立隨後趕到箭筈關，又被吳玠部將楊政擊退，兩軍始終未能會合，最後只能退兵，宋軍士氣大振。

女真人自起兵反遼以來還從未遇到過吳玠這樣的剋星，非常惱怒，立志要擊敗他。完顏兀朮點集十萬大軍，在寶雞造浮橋渡過渭水，結連珠營，連綿數百里。雖然這一次金軍勢頭更大，但宋軍卻信心百倍，在和尚原列開大陣禦敵。吳玠選強弓勁弩排成一種輪番射擊的「駐隊矢」弩陣，這種弩陣以弩兵前後交換站位輪番射擊，大大節約上弦時間，火力連續而密集，可能是後世明太宗的永樂槍陣和腓特烈大帝的普魯士線形槍陣的前身。而且這一次宋軍可能使用了神臂弓的改進型：更強大輕便的破虜弓。金軍鐵騎雖強，也難敵這種強大火力，稍有退卻。吳玠抓住戰機，以奇兵側擊，金軍頓時大潰。吳玠又派兵襲取金軍糧道，完顏兀朮陷入困境。吳玠料到完顏兀朮受不了圍困將要退去，又在其歸途的神坌寨設伏。果然三天後金軍由此退兵，遭到宋軍伏擊，損失慘重。好不容易停頓休整一下，吳玠又遣兵夜襲，完顏兀朮苦不堪言，星夜逃遁。金軍強行衝過宋軍數里長的射擊區域，死傷無數。完顏兀朮的大纛被奪，背上中兩箭，割鬚斷袍才勉強逃脫。

和尚原之戰，吳玠以數千士氣低落的散兵，大敗十餘萬精銳金軍，擊殺敵軍數萬，俘獲數千，將四太子完顏兀朮的合扎親軍打得只剩寥寥數人，還差點射殺本人。張浚授予39歲的吳玠為鎮西軍節度使、宣撫使司都統制，吳璘為康州團練使、涇

第二章　建炎中興

原路馬步軍副都總管。而戰役中完顏粘罕的女婿婁菫、姪子不露等大將均被擒，金國以「啼哭郎君」完顏撒離喝替為陝西經略使，開始了與吳家兄弟十餘年的恩怨糾纏。

完顏撒離喝哭歸哭，但在完顏兀朮大敗後臨危受命，充分說明其能力還是很強的。紹興二年底，金軍開始攻蜀。曾被吳玠打哭的完顏撒離喝避開剋星，以叛將李彥琦在秦州與吳玠對峙，並以女真遊騎襲擾吳玠和熙河路總管關師古做為佯攻方向，自率大軍直取漢中，快速攻克商州（今陝西省商縣）、金州（今陝西省安康市）。宋軍此時才反應過來他的主攻方向，知興元府劉子羽急令統制田晟守住饒風關（今陝西省石泉縣境內，是漢中最重要的關隘），並傳檄吳玠來援。吳玠從河池（今甘肅省徽縣）出發，晝夜兼程三百餘里趕到饒風關，送給完顏撒離喝一個黃柑道：「乖，撒寶寶不哭了，吃個黃柑解渴哦。」撒寶寶大驚，以杖擊道地：「怎麼他來得這麼快耶！」王彥的八字軍也趕來助戰，宋軍總兵力達到三萬餘。

吳玠搶在金軍之前占據有利地形，在高處排列弩陣。金軍雖然兵力明顯占優勢，但如果此時貿然撤退容易遭到宋軍俯衝式邀擊，完顏撒離喝一咬牙，下令強行登山仰攻。金軍三人一組，一名重甲士先登，兩名輕甲士跟隨，重甲士死了輕甲士就換上重甲繼續衝。當然，在箭如雨下的戰場上做這種動作難度實在很高，也不知著史的前輩是否考慮到了。宋軍則「弓弩亂發，大石摧壓」，持續了六晝夜！金軍始終無法突破宋軍的火力

第四篇　以金人秋淚償靖康之恥

封鎖區間,但完顏撒離喝就像被人欺負了的小孩子,非要討回一口氣,繼續保持旺盛的攻勢,山下屍體堆積如山,卻基本上碰不到宋軍。吳玠又募集到五千死士,準備繞到金軍背後實施夾擊。遺憾的是吳玠手下一個獲罪的小校投奔金軍,告訴了完顏撒離喝一條小路可以繞到饒風關背後,憑高視下。宋軍已血戰多日,此刻終於不支,退保西縣(今陝西省勉縣)。

　　完顏撒離喝終於贏了一場,衝入興元府。劉子羽早有準備,知道吳玠兵敗立即將興元府的物資打包帶走,焚毀整個城市,最後與吳玠、王彥等軍在三泉(今陝西省寧強縣)會合。北宋時宋軍一直堅持禦敵於國門之外或彈性防禦的戰術,從不採用對城市居民破壞較大的堅壁清野戰術,這次開了這個戒,不過軍事上的效果確實很好,金軍得不到補給,只好退兵。吳玠派兵邀擊,在武休關(今陝西省留壩縣)追及金軍後隊。完顏撒離喝又慘遭痛打,被斬和墜崖者數千,丟失輜重無數,王彥則趁機出兵收復金州。完顏撒離喝本來好不容易避開了剋星吳玠,從東路冒險進軍,結果還是被吳玠從西邊趕來,雖然奪取數郡,但所得仍不及所失,更未能實現打通川陝的戰略目標。吳玠又晉封檢校少保、利州路、階成鳳州制置使,吳璘晉封榮州防禦使。

　　紹興四年二月,金軍重新大舉來攻,完顏兀朮、完顏撒離喝、偽齊四川招撫使劉夔集兵來攻,作戰部隊就有十萬騎,將帥皆攜家帶眷,以示要入蜀的決心。吳玠經過研究,將主力萬

第二章　建炎中興

餘兵力集結在仙人關（今陝西省徽縣），並令吳璘主動放棄和尚原，在仙人關旁的殺金坪修築堡壘為犄角之勢。吳璘提出殺金坪地勢較為開闊，應修築兩道關隘，吳玠採納了他的意見。完顏兀朮十萬大軍於寶雞集結，在川陝交界的險惡地勢中鑿崖開道，沿秦嶺東下，在仙人關遇到吳玠拒戰，慘烈的戰鬥開打！

金軍先鋒是名將完顏銀術可之子完顏豁英，他甫一到陣前，未得完顏兀朮將令就率軍衝出。完顏兀朮得知大驚，飛馬到陣前叫停，但完顏豁英竟然不聽，繼續猛衝！完顏兀朮大怒，用刀背敲擊豁英的頭盔，終於讓他冷靜下來。完顏豁英嘆道：「宋軍剛從和尚原敗退到此處，若不趁勢速攻會後悔的。」

果然，吳玠利用寶貴的時間在仙人關列開萬人大陣，吳璘也率輕兵從七方關（今陝西省康縣）倍道兼程來援。完顏兀朮派兵打援，吳璘苦戰七晝夜方才與吳玠會合。但金軍畢竟勢大，宋軍開始不支，統制官郭震的營寨被完顏兀朮襲破，宋軍外線防禦失守。吳玠將郭震處斬，率軍據守仙人關，吳璘據守殺金坪。完顏兀朮又使出金國的絕招：以分封建國為餌誘降。吳玠答道：「我已為趙氏臣，不敢有貳。」隨後金軍展開大規模攻城，首先進攻吳玠主營，被吳玠擊退。完顏兀朮大怒，指揮十萬大軍湧向城頭，吳玠也指揮宋軍奮力抵抗。金軍無數雲梯架上城頭，吳玠遣統制官楊政用撞桿將雲梯撞碎，又用長矛刺殺登上城頭的金兵。

完顏兀朮觀察了宋軍陣形後又將主攻方向轉移至吳璘的殺

第四篇 以金人秋淚償靖康之恥

金坪，金軍分為兩陣，完顏兀朮陣於東，韓常陣於西。吳璘用刀在地上劃一條線道：「今天死就死在這裡，退者斬！」率銳卒衝入金軍兩陣的間隙。實不相瞞，這種戰法很難理解，兵少的一方主動進入到敵軍大陣之間，要麼像李繼隆唐河之戰那樣直接將敵軍沖垮，要麼就是被對方包圍全殲。但史料記載吳璘「左縈右繞，隨機而發」，苦戰良久後疲態顯露方才退回到第二道關隘。這似乎不太現實，除非金軍都是原地固定的木人。退回到第二關後，部將多認為此地不利於防守，應另選形勝之處布防。吳璘慨然道：「剛交戰就退走，這和不戰而逃有什麼區別？我看敵人也撐不了多久了！」楊政也進言吳玠說此地是四川的門戶，死不可失，可用勁弩固守。完顏兀朮大舉而來，也早就打算以雷霆之勢蕩平吳玠兄弟。血戰，現在開始！

金軍換了一批生力軍，每人披兩重鐵鎧，相互間以鐵刃相連，只能以固定速度前進，強攻殺金坪第二關。吳璘在城頭以駐隊矢迭射，金兵屍積如山，但被鐵刃所抵，紛紛踏著戰友屍體繼續強登！但駐隊矢不是拚命就可以破解的，金軍傷亡越來越大卻沒有進展。完顏撒離喝又觀察了戰陣後恍然大悟：「吾得之矣！」也不知道他得到什麼了，翌日他下令猛攻城西北樓，這是宋軍地勢最好的一處敵樓，完顏撒離喝可能覺得他找到了宋軍防禦堅固的奧祕所在，拔去這個強點就有望全線突破了吧。但既然是強點又怎會先被拔去呢？撒寶寶真是有點可愛。宋軍統領官姚仲登樓酣戰，樓快要垮了，宋軍用布帛為繩將樓扶正；

第二章　建炎中興

金軍又焚燒樓柱，宋軍用酒缸撲滅。強點繼續固若金湯。

　　吳玠見殺金坪形勢危急，遣楊政和統領官田晟率精銳出戰。宋軍身披重甲，手持長刀巨斧，衝擊金軍左右陣，勇不可擋，金兵死傷無數。金軍雖然也以鎧甲堅厚聞名，但金帝國的鍛冶技術仍比宋帝國略遜一籌，宋軍的巨斧正是為他們量身訂做。宋軍的明炬照亮四面高山，鼓聲震動大地，更兼刀斧凶猛，勇悍的女真將士也不由得不被深深震懾。吳玠見戰場形勢已成功扭轉，開始轉入反攻。翌日子夜，吳玠集中全部兵力，由右軍統領王慶（《宋史》作王喜）、王武等分紫、白旗突入金營，大肆砍殺。疲憊不堪的金軍終於全線崩潰，猛將兄韓常又一次被射中左眼，不過這一次他再也不能以土塞創，奮力反擊了，而是和完顏兀朮、完顏撒離喝、劉夔一起隨軍夜遁。吳玠早已遣右軍統制張彥劫橫山寨（今甘肅省慶陽市），王俊在河池設伏待金軍敗歸，又砍殺了不少金軍。吳玠不但作戰勇猛，指揮得當，其整體戰略規劃也令人嘆服，不愧為一代名將。

　　經過連續多次血戰大敗，金軍終於意識到吳玠是他們不可踰越的鐵壁，放棄了攻占四川的想法，在鳳翔屯田，與川軍對峙。仙人關大捷後吳玠升任川陝宣撫副使，旋即收復秦、鳳、隴等州，將川軍的防線往北推進不少。吳玠也因功拜檢校少師、奉寧保定軍節度使，吳璘升定國軍承宣使。之後川陝無戰事，吳玠回到成都，治理地方取得較大成就，天府之國的經濟形勢進一步優化。但吳玠也成為四川的土皇帝，開始大肆享

第四篇　以金人秋淚償靖康之恥

樂，尤其愛四處漁色，還喜歡親自試驗丹藥，最後是不負眾望，吃死了。

紹興九年，宋金議和，因吳玠功高，授特進、開府儀同三司，遷四川宣撫使，陝西境內的宋方州縣也全歸他節制。同年，傑出的軍事家、人體藝術鑑賞家、化學藥劑美食家吳玠卒，享年47歲，贈少師，諡武安，在仙人關立思烈廟，後追封涪王。吳玠以一名普通士卒，在將門如雲的宋軍中崛起，這固然少不了張浚、劉子羽慧眼識人，更重要的還是靠他自身的超凡能力，尤其是在富平之戰後的危急時刻，在彭原店、和尚原、饒風關、仙人關連敗金軍名將完顏兀朮、完顏撒離喝，保衛了四川，帶領士氣低落的陝西軍殘部立下奇功，使吳家軍開始成為宋軍，尤其是川軍新的精神領袖。

女真鐵騎自起兵反遼以來戰無不勝，又以迅雷不及掩耳之勢奪取了宋帝國半壁河山，還準備繼續南下徹底滅宋，但在吳玠兄弟以及「中興四大名將」的反擊下在秦嶺、江淮一線遭到重創，放棄了南下的念頭。而宋軍在穩住局勢後開始轉入戰略反攻階段，一位中華民族歷史上永恆的軍魂人物開始展露鋒芒。

正是：

駐隊射連珠，憑山畫陣圖。

兄弟齊斷金，同心擎巴蜀。

第三章
武穆英魂

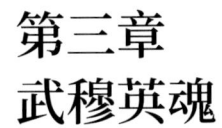

■ 中興四大名將 ■

怒髮衝冠,憑欄處、瀟瀟雨歇。抬望眼,仰天長嘯,壯懷激烈。三十功名塵與土,八千里路雲和月。莫等閒、白了少年頭,空悲切。

靖康恥,猶未雪。臣子恨,何時滅?駕長車,踏破賀蘭山缺。壯志飢餐胡虜肉,笑談渴飲匈奴血。待從頭、收拾舊山河,朝天闕。

這首所有華人都耳熟能詳的〈滿江紅〉正是偉大的民族英雄、宋朝名將岳飛的代表作。多少年來,戰士們在岳飛精神的鼓舞下,一次次浴血奮戰,擊敗窮凶極惡的敵人,捍衛著中華民族在這片土地上屹立不倒。抗日戰爭中,蔣中正在上海冒著日軍的航空火力,向軍民演講道:「要用無數個無名的岳武穆,造就一個中華民族的岳武穆!」華夏兒郎正是在這句話的激勵下,拋頭顱灑熱血,獻身衛國。普通的士兵們當然不能在史書上留下自己的名字,但是他們都有一個共同的名字:岳武穆!

第四篇　以金人秋淚償靖康之恥

　　岳飛，字鵬舉，生於宋徽宗崇寧二年（西元 1103 年），相州湯陰（今河南省湯陰縣）人。相州是名相韓琦的故鄉，韓琦致仕後在相州建設了著名的晝錦堂，為相州營造了極好的文化氛圍。岳飛在這種氛圍的薰陶下長大，從小負有氣節，雖家貧卻酷愛讀書，又天生神力，能開三石硬弓、八石腰弩（每石約 500 牛頓——50 公斤），槍法「一縣無敵」，又能左右開弓。

　　宣和四年（西元 1121 年），真定宣撫使劉韐招募「敢戰士」，18 歲的岳飛開始了軍旅生涯。做為初級軍官，岳飛曾平定過一些盜賊，現代有些研究也認為他參與了童貫滅遼的戰爭。靖康之難中劉韐率真定府全城殉國，但岳飛隨武翼大夫劉浩赴援東京，因此沒有戰死。當時各路援軍都未能成功，劉浩退保相州，暫投在黃善潛麾下。之後康王來到相州，劉浩特意向康王引薦小卒岳飛，深受康王賞識，授予第 52 階的承信郎（共 53 階）。後李浩救援東京，被金軍阻於滑州，岳飛帶百騎出擊，一刀斬落金軍主將。宋軍見狀紛紛出擊，大敗金軍，岳飛因功遷秉義郎（第 46 階），並隸在副元帥宗澤麾下。接下來宗澤反擊金軍，連勝 13 場，攻破三十餘寨，岳飛做為急先鋒，居功至偉。宗澤大奇，對這位初級軍官說：「你的智勇才藝，雖古代良將不能及，但你喜歡野戰，不是萬全之計。」送給他陣圖學習。岳飛答道：「陣而後戰，兵法之常，運用之妙，存乎一心。」宗澤深為嘆服。

　　康王即位後，岳飛轉隸河北招討使張所，張所早已聽說岳

飛的名氣，待之以國士，授予修武郎（第44階），充中軍統領。張所問岳飛：「你能單挑幾人？」岳飛說：「武勇不足以持仗，用兵關鍵在於先定謀，欒枝曳柴以敗荊，莫敖採樵以致絞，都是靠預先謀定啊！」張所驚訝道：「先生豈是行伍中人，是大學問家！」這裡的欒枝、莫敖是春秋時晉、楚名士，典故相當生僻，從岳飛這個初級武將口中說出來，很讓張所吃驚，又提拔他為武經郎（第40階），隸在王彥麾下，到河北抗戰。

王彥渡河抵達新鄉，遇到大批敵軍，不敢前進。岳飛率本部前往鏖戰，大敗金軍，奪其大纛揮舞，部下士氣大振，攻克新鄉。翌日，岳飛部在侯兆川（今河南省輝縣西北）陷入重圍，岳飛奮勇血戰，身中十餘創，士卒無不死戰，終於獲勝。但岳飛部糧盡，請王彥撥糧，王彥不許，岳飛大怒，率部脫離王彥，繼續向北進入太行山地區。在當地忠義民兵的配合下，岳飛部又大敗一支金夏聯軍，生擒西夏統軍使拓跋耶烏，又陣斬黑風大王。這位黑風大王《金史》無載，宋方亦不知姓名，可能是金帝國禁衛軍之一黑風軍的主將，之後還會有一些龍虎大王、蓋天大王之類，均屬此例，並非《西遊記》中的妖怪。後來岳飛還是後悔自己脫離建制的衝動行為，重新找到王彥要求歸建。按理說擅自脫建是重罪，但戰爭年代總要變通一些，王彥告訴岳飛：「你本來是死罪，但你離開我這麼久，還敢自己歸來，確實是好漢。現在國家危急，正當用人之際，不是互相報怨的時候，我就饒你性命去吧。」

第四篇　以金人秋淚償靖康之恥

岳飛回到東京，被宗澤任為留守司統制，相當於團長，成為一名中級軍官，隸在都統制陳淬麾下。不久宗澤卒，杜充接任，使很多義軍成了賊軍，有些軍官也在戰亂中自立，加入到「賊軍」的隊伍，形勢開始變得不利。

建炎二年，岳飛又屢敗金軍，既有陣斬敵將，又有正確指揮的表現。建炎三年，趁亂起兵的幾位「劇賊」王善、曹成、孔彥舟合兵五十萬眾，向南宋行廷發起了一次大規模進攻，岳飛被安排在第一道防線。岳飛所部只有八百餘兵，當看到敵軍浩浩蕩蕩而來，眾人害怕不敵，岳飛豪氣萬千道：「吾為諸君破之。」說罷左挾弓，右運矛，橫衝其陣，賊軍陣勢大亂，宋軍趁勢掩殺，首戰告捷。岳飛生擒賊將杜叔五、孫海，因功授借補英州刺史。隨後王善圍攻陳州（今河南省淮陽縣），岳飛赴援，生擒賊將孫勝、孫清，王善解圍而去，岳飛正式晉封刺史，年僅27歲。

杜充認為中原已不可守，率部放棄東京，逃到江南被任命為建康留守，仍帶原部。這時金軍發起四路南伐，企圖一舉滅宋。金軍和叛將李成合兵南下，完顏兀朮進攻建康，準備繼續進攻高宗所在的揚州行廷。岳飛哭請杜充出兵救駕，杜充不聽。及至金軍準備渡馬家渡追擊高宗時，杜充終於派陳淬、王燮等將禦敵。陳淬與完顏兀朮苦戰十餘回不分勝負，但王燮率軍先遁，造成宋軍潰敗，陳淬陣歿，贈拱衛大夫、明州觀察使。岳飛隸在陳淬麾下，在他和完顏兀朮的首次交鋒中，以岳

第三章　武穆英魂

飛一方的潰敗結束。

　　隨後杜充降金，其部一時軍紀全無，多行剽掠，只有岳飛約束部下，軍紀嚴明，很多士大夫也投在岳飛營中避過了兵亂。完顏兀朮強渡馬家渡後追擊高宗未果，回程被韓世忠困在黃天蕩，勉強逃脫後又遭岳飛邀擊。岳飛六戰皆捷，生擒大將王權，俘獲簽軍首領四十餘。岳飛從這些漢族簽軍中篩選了一些可用之人，許以恩信，派他們回到金營，夜間則在營中縱火，岳飛趁機劫營，打得完顏兀朮苦不堪言，驚嘆宋軍中竟有如此厲害的初級軍官。岳飛駐軍時暫時缺糧，但岳飛號令嚴明，「凍死不拆屋，餓死不搶糧。」無一人擾民。岳飛的名聲很快傳開，金軍中的漢族簽軍紛紛相傳：「此岳爺爺軍。」爭相來歸附。在上司投降、全軍潰敗、皇帝狼狽奔逃的情況下，岳飛這位中級軍官幾乎是靠一己之力，維持著宋軍乃至宋廷的威信。

　　建炎四年，西線金軍攻破陝州，李彥仙殉節。東線完顏兀朮從常州進攻，岳飛部從宜興赴援，多次尾襲完顏兀朮，金軍損失慘重。完顏兀朮又攻建康，行軍陣形嚴防尾襲，未料這一次岳飛卻在前路設伏，趁夜劫營，慌亂中金軍自相攻擊，死傷無數。之後岳飛以騎兵三百、步兵二千的較大兵力與完顏兀朮會戰，將其擊敗。岳飛收復建康後向高宗上書應做為要害據守，高宗很高興的採納了。岳飛又帶兵剿滅了一些野生盜匪，升任通泰鎮撫使、知泰州。但不久金軍大舉來攻，泰州不可守，岳飛保護百姓撤離。同時西線方面完顏撒離喝在彭原店被吳玠

打哭，金軍大舉集結於陝西，準備富平大戰，東線戰事稍平。

宋高宗即位後，南宋軍民透過三年半的艱苦奮鬥，風雨飄揚的南宋王朝奇蹟般的站穩腳跟，保住了半壁河山和趙宋正統，史稱「建炎中興」。劉光世、韓世忠、張俊、岳飛被稱為「中興四大名將」。當然，前三位名列其中，相當程度上是因為在苗、劉兵變中站對了隊，論軍功未必能比劉錡、吳玠、吳璘等人高，而岳飛卻完全是抗金戰場上的常勝將軍。

不過到現在為止，岳飛都還處於練級（鍛鍊升級）階段，建炎四年底，隨著岳飛生命中一位重要人士的神祕南歸，岳飛的命運產生了轉折。

秦檜，字會之，元祐五年（西元1090年）出生，政和五年（西元1115年）進士。秦檜本是一位諍臣，官至御史中丞，是反對向金求和一派的首領，靖康之難中被擄至金國，為完顏撻懶所用。

建炎四年底，完顏撻懶軍南侵，一介書生的秦檜非常神祕的攜全家老小從金國逃了回來。剛回來時絕大多數人都認定他是金國派來的奸細，但被宰相范宗尹力保。第二天秦檜覲見高宗，帶來了高宗父母親族的一些消息，使數年來與全體親人斷絕消息的事實孤兒宋高宗感激涕零。秦檜又草擬了給完顏撻懶的求和書，句句切中要害，據說完顏撻懶必然答應（有人認為是完顏撻懶自己寫的）。高宗非常高興，又因為被擄前的優秀表現，秦檜甫一歸來就成為寵兒，拜為禮部尚書。

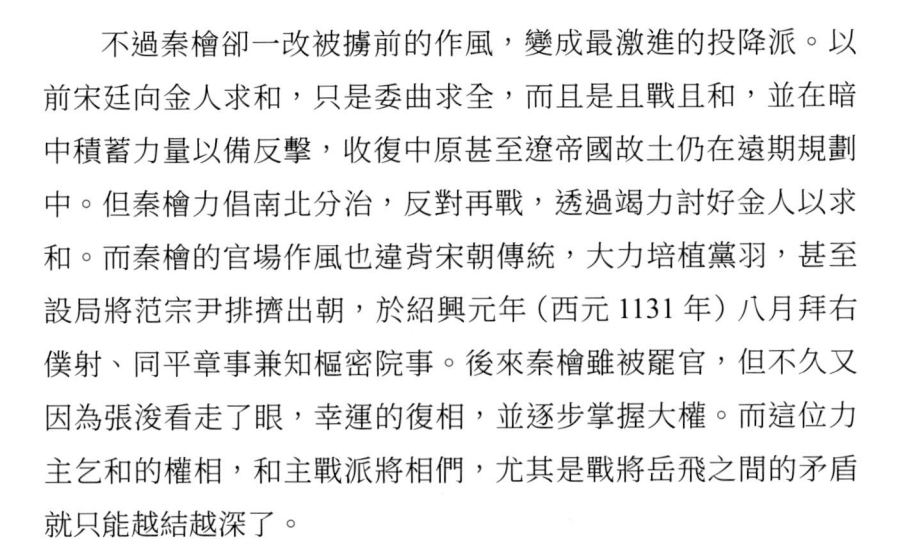

不過秦檜卻一改被擄前的作風，變成最激進的投降派。以前宋廷向金人求和，只是委曲求全，而且是且戰且和，並在暗中積蓄力量以備反擊，收復中原甚至遼帝國故土仍在遠期規劃中。但秦檜力倡南北分治，反對再戰，透過竭力討好金人以求和。而秦檜的官場作風也違背宋朝傳統，大力培植黨羽，甚至設局將范宗尹排擠出朝，於紹興元年（西元1131年）八月拜右僕射、同平章事兼知樞密院事。後來秦檜雖被罷官，但不久又因為張浚看走了眼，幸運的復相，並逐步掌握大權。而這位力主乞和的權相，和主戰派將相們，尤其是戰將岳飛之間的矛盾就只能越結越深了。

■ 最年輕的建節封侯 ■

起初金帝國非常有信心將宋帝國徹底滅亡，但連遭敗績後以完顏撻懶為首的主和派開始占了上風。在完顏撻懶的帶領下，宋、金保持了一段很短的和平。當然，在此期間，中原的偽齊劉豫和江南的無數盜匪仍需宋軍辛苦征剿，他們雖然實力不強，但對宋王朝的威脅其實未必比金軍小。岳飛在此期間立下不少軍功，成為獨當一面的大將。

紹興元年（西元1131年），岳飛隸張俊討伐叛將李成，在江西一帶擊敗了李成十餘萬大軍，李成被打成光桿司令後投奔了劉豫。岳飛又以相州老鄉身分和自身威望直接招降了另一大

第四篇　以金人秋淚償靖康之恥

盜張用,江淮平定。張俊奏岳飛功勞第一,升神武右軍副都統制、親衛大夫、建州觀察使。此後江西安撫使李回又調岳飛軍討賊,大盜范汝為等攻擊撫州,守軍樹「岳」字旗,賊不敢來犯。岳飛遣部將討平盜匪,升神武副軍都統制。紹興二年,大盜曹成擁十餘萬眾,占據湖南、廣西交界處。李回命岳飛為權知潭州(長沙)、權荊湖東路安撫都總管,並授金牌、黃旗,有權招撫曹成。曹成聽說岳飛來,嚇得分兵躲進山區。岳飛百般用計,既引蛇出洞,又奮勇進擊,最後曹成不支請降。宋軍征戰嶺南最怕熱帶煙瘴瘟疫,潘美、郭逵等名將都吃過苦頭,唯獨岳飛率領北方軍士在盛夏進軍嶺南,竟無一人死於瘴病。成功後岳飛授武安軍承宣使,又依次討平了馬友、郝通、劉忠、李通、李宗亮、張式等盜匪。

紹興三年春,宋高宗召岳飛覲見,岳飛的頂頭上司江西宣諭使劉大中竟然不同意,理由是岳飛一旦離開江西,盜匪就要作亂。果然,岳飛前腳剛走,彭友等賊後腳就開始作亂,高宗只好讓岳飛回江西去鎮壓。不久岳飛大敗彭友,彭友請降,虔州(今江西省贛州市)平定。高宗手書「精忠岳飛」四字,做為岳家軍的軍旗,授鎮南軍承宣使、江南西路沿江制置使,後改神武後軍都統制。南宋撤銷御營司後將主力軍改組為神武軍,分前後左中右五軍,分別以劉光世、岳飛、韓世忠、楊沂中(後改名楊存中)、張俊為都統制。也就是說,岳飛現在正式成為宋軍五大主力之一。

第三章　武穆英魂

　　被岳飛剿滅的這些軍事組織，正史上均稱之為「盜匪」、「劇賊」等，但是現代的一些簡史和史評卻稱他們為「農民起義家」、「革命領袖」。事實上，參與這些部隊的士卒們確實是因戰亂失去生活來源的普通百姓，他們的災難正是宋王朝政府給他們帶來的，是可以理解的。但鍾相、曹成這些頭目則確實是利用了百姓反抗精神的野心家，他們在國家最需要穩定團結的關鍵時刻擁兵自重，給國家安全帶來了極大威脅。正如岳飛所說：「襄陽等六郡是恢復中原的基本，現在應先取六郡，以除心腹之患，使李成遠遁，進而剿滅湖湘群盜。」岳飛趁金軍略有收斂之機，以極快的速度剿平了這些盜匪，對南宋可謂有再造之功。試想如果宋軍剿匪速度稍慢一點，讓金軍緩過氣來，南北夾擊，形勢就非常危險了！

　　紹興四年，偽齊派李成夾帶了一些金軍進攻湖北，連續攻占襄陽等重鎮，與占據洞庭湖的劇賊楊么相連。高宗詔令岳飛兼任荊南、鄂岳州制置使，反擊李成。岳飛首先進攻郢州（今湖北省鍾祥市），渡江中流，岳飛對部下說：「飛不擒賊，不涉此江。」大有東晉名將祖逖中流擊楫的氣概。李成兵將雖多，但豈是岳飛的對手，很快收復湖北六郡。岳飛又進軍鄧、唐等州，將戰線推入中原。金帝國派大將劉合孛堇率金軍援助偽齊，結果被岳飛打成光桿司令，逃回金國。高宗極度興奮，喜嘆：「岳飛怎麼這麼厲害啊！」

　　收復湖北後岳飛奏請朝廷可在湖北屯田，俟機收復中原。

第四篇　以金人秋淚償靖康之恥

宋廷將六郡合併為襄陽府路，由神武後軍暫行軍管。岳飛移屯鄂州（今湖北省武漢市），授清遠軍節度使、湖北路、荊襄潭州制置使，封武昌縣開國子。岳飛 31 歲成為節度使，是宋軍中的最年輕紀錄，宋太祖 29 歲建節，不過他應該算是五代將領，不算在宋軍中。

紹興四年底，偽齊夥同金軍圍攻廬州，高宗手札令岳飛解圍。岳飛到廬州正遇敵五千鐵騎，張開「精忠岳飛」軍旗，金軍大駭，一戰而潰。紹興五年，岳飛又授鎮寧崇信軍節度使、武昌郡開國侯，並封母姚氏為國夫人，同時高宗把征剿湖湘軍的重任也交給岳飛。

湖湘軍是南宋最大的一股盜匪，以洞庭湖為基地，首領楊太很年輕，所以人稱楊么。紹興初年，宋廷只把湖湘軍當作地方騷亂，先後派程昌寓、孟庚、李綱、折彥質等文官征剿，均大敗而回。紹興三年，宋廷以王燮為荊南府制置使，率軍六萬、戰船二千艘進剿。但湖湘軍的造船和水戰水準都已極高，大量使用車船、樓船甚至海鰍船，配備很多先進的大型機械傳動武器。王燮在岳陽以西的洞庭湖陽武口遭到大敗，官軍戰死萬餘，損失戰船數百艘。宰相趙鼎只好從抗金前線抽調岳飛的神武後軍這支王牌戰隊來對付內賊，並由宰相張浚督師。

神武後軍雖然在平原上衝殺厲害無比，卻未習水戰，而湖湘軍正是依靠水戰優勢多次擊敗官軍。不過岳飛也不是蠻將，他仔細思考，決定採取內部分化的戰略。宋廷當時雖然處於艱

難時刻，但畢竟在人民中擁有深厚的基礎，大多數人雖然被楊么等人綁架在戰車上，但內心還是遵紀守法的，尤其面對軍神岳飛，更多的人動搖了。岳飛沒有急於向洞庭湖進攻，而是封鎖物資供應並大舉招安。不多時，湖中便有黃佐、楊欽等大將投誠，岳飛以禮相待，授予他們官職，黃佐等人無不感激，願為岳飛效死。岳飛又派他們回湖中作內應，嚴重打擊了湖湘軍。

六月十一日，神武後軍向洞庭湖大寨發起總攻。湖湘軍一度利用車船抵抗官軍，但岳飛在降將的幫助下，將湖湘軍引入水淺處，再用巨筏圍殲。湖湘軍車船受阻於淤塞，只能分別被官軍剿殺。楊么投水欲逃，被岳飛部將牛皋擒殺，其餘人紛紛請降。張浚感嘆：「岳侯神算也。」這時岳飛的眼病卻愈發嚴重，甚至要求暫時辭職養病，但沒有獲准，而是加封荊湖南北、襄陽路招討使、檢校少保、開國公。

僅僅數年，岳飛就從毫無背景的初級軍官成為國家棟梁，三十出頭就晉封節度使，併成為主力軍司令，無疑是軍界最耀眼的一顆巨星，這也是與他勤於報國的精神分不開的。

■ 偽齊的末日 ■

紹興五年（金天會十三年，西元 1135 年）正月，金太宗駕崩，享年 61 歲，在位 13 年。諳班勃極烈完顏合剌繼位，即為金熙宗。同年四月，宋徽宗駕崩於五國城（今黑龍江省依蘭

縣），享年54歲，在位25年，被囚8年。很顯然的，宋徽宗是宋朝第一昏君，縱容新黨奸臣，將朝政帶向極度混亂，是靖康之難的直接責任人。但另一方面他也是藝術史上一位不朽的大師，其創立的「瘦金體」演化為現在的仿宋體，既工整又美觀，是現代公文的正文字型。徽宗朝的畫院招攬天下名家，收藏佳作，使書畫藝術的創作達到巔峰。徽宗本人的一些書畫作品也有少數流傳至今，均為無價之寶。宋徽宗從世界第一大國的皇帝，轉眼變成苦寒之地的階下囚，死後多年棺材才還到兒子手中，也是一個可嘆的悲劇人物。

女真民族本身並未脫離部落政體的桎梏，形成了許多政治派系，內鬥不息，尤以完顏粘罕為首的主戰派和以完顏撻懶為首的主和派鬥爭最為激烈。完顏粘罕一派主張扶植偽齊，繼續加強對宋攻勢；完顏撻懶則認為應該廢黜偽齊，將中原、陝西之地還給宋朝，女真人退守東北本土。完顏撻懶主要的依據是不能與宋帝國結為世仇，以免來日滅族的大禍。乍看之下很有道理，也符合金太祖的國策，但現在雙方已經結仇，不是歸還國土就可以解怨的。相反，直接歸還中原還會導致宋帝國的更快反擊。完顏撻懶的真實目的很可能是想把山東劃為他自己的封建轄領地。

劉豫肯定也察覺到金帝國上層對他的態度變化，心態也變得有些急切，策劃了一次大規模南侵。宋軍同時也進行了一次編制改革，神武軍改為行營護軍。其中韓世忠的前護軍、張俊

的中護軍是原華北軍,岳飛的後護軍是原河北軍,劉光世的左護軍是原鄜延軍,吳玠的右護軍是原涇原、秦鳳軍,王彥的前護副軍是他招募的八字軍。五護軍的總部分別駐紮在成都、鄂州、楚州、合肥、建康,構築了一道背靠長江的秦嶺－淮河防線,並俟機北伐。

偽齊的第一次大規模南侵,由於劉光世、韓世忠、張俊等將互不配合,一度在江淮戰場取得不錯戰績。但岳飛卻在湖北沉重打擊了金齊聯軍,收復襄陽府路,張浚也親自到前線協調劉光世等將,反擊金齊聯軍。又恰逢金太宗駕崩,金軍撤回,偽齊的攻勢草草收場。

紹興六年初,劉豫集結 30 萬大軍,號稱 70 萬分三路再度南侵,並請完顏兀朮助戰。偽齊中路軍由其子劉麟率領,出壽春,進犯合肥;東路由其姪劉猊率領,在陳州集結;西路由叛將孔彥舟率領,出光州,進犯六安縣。韓世忠首先在陳州與偽齊東路軍接戰,統制官呼延通勇不可當,生擒金軍主將聶兒孛堇。劉猊無法戰勝韓世忠,劉麟的主力也被張俊所阻,都退回順昌(今安徽省阜陽市)。但劉光世認為敵軍勢大,要求棄守合肥,退到江南,還要求調岳飛到江州(今江西省九江市)協防。宰相趙鼎接報後批准,劉光世立即帶兵南逃。正在前線督師的張浚得知後大怒,下令劉光世部下有一人渡江即將其處斬,岳飛也不准離開自己的防區支援劉光世!劉光世無奈,只好帶兵北返,竟然大敗敵軍,可見確實不是打不贏,是他不想打。

第四篇　以金人秋淚償靖康之恥

劉猊休整後又經定遠縣南下,路遇宋軍龍神衛四廂都指揮使、主管殿前司公事楊沂中部。偽齊軍搶先占據險要地勢,楊沂中對部下說:「我們兵少,必須速戰!」遣摧鋒軍統制吳錫率精騎五千奮力衝開偽齊軍陣形,然後大軍壓上,偽齊軍大潰。恰逢江東宣撫司前軍統制張宗顏等率兵從泗州(今安徽省泗縣)趕來,兩軍合攻,偽齊軍大敗。楊沂中呼喊:「你們本是趙氏子民,為何不降?」偽齊萬餘軍請降。劉光世也派部將王德、酈瓊率兵前來,與楊沂中合兵追擊到壽春,繳獲無數。西路軍孔彥舟本就不願去碰岳飛,聽說另兩路大敗,於是撤回。

戰後,戰功最大的張俊封少保、鎮洮崇信奉寧軍節度使,楊沂中封保成軍節度使、殿前都虞侯。但也有人要倒楣,張浚奏趙鼎、折彥質不懂軍事,畏敵避戰,兩人被免去相職。但張浚居然推薦秦檜接任,主要依據是靖康之難中秦檜表現得很正直,又恰好接到徽宗訃告,秦檜幸運的復為樞密使。劉光世畏敵南逃,被解職,高宗曾下詔把他下屬的王德、酈瓊等部劃歸岳飛,但在秦檜的干涉下又變卦。岳飛找到張浚力爭,因出言不遜把張浚也得罪了,張浚派參謀兵部尚書呂祉接管劉光世的部隊,直屬都督府。

這一次岳飛的表現確實不好,一怒之下居然以守母喪為由回家,高宗屢次詔令歸崗不聽。後來高宗派他的幕僚到他家去以死相逼,連逼6天沒有一個人死,不過岳飛還是回到了職位。而張浚以王德為原劉光世部的都統制,酈瓊副之。酈瓊心懷不

滿，竟然逼死呂祉，煽動數萬人投降偽齊，張浚也非常後悔，引咎辭職。張浚辭相時高宗問他誰可以接任，秦檜如何？張浚沉吟半晌說：「以前以為他是好人，共事之後才知道他多麼陰險啊！」於是只好推薦趙鼎復相。

金帝國的內鬥也進入白熱化，由於偽齊表現不佳，主和的完顏撻懶趁機鬥倒主戰的完顏粘罕，劉豫失去了後臺。紹興七年（金天會十五年，西元 1137 年）底，金帝國廢黜劉豫，降封為蜀王，遷到臨潢府居住，後封曹王，紹興十六年（金皇統六年，西元 1146 年）薨。

■ 墨守陳規，順昌大捷 ■

墨守陳規在現代是一個貶義成語，形容死板不變通。但探尋其典故卻是讚頌堅不可摧的意思。「墨守」指的是春秋戰國時墨家很善於守城，而陳規則是紹興十年時知順昌府大人的名字。

完顏撻懶掌權後積極與宋講和，秦檜也透過巴結趙鼎復為尚書右僕射、同平章事兼樞密使。後來秦檜又排擠趙鼎當上首相，多年後張浚和趙鼎偶然在福建相遇，才知道都被秦檜整了。經過長時間談判，完顏撻懶和秦檜達成宋金停戰協議。雖然高宗要求歸還欽宗等許多要求未得滿足，但得還大片國土和親人，還是很高興，大賞重臣，其中岳飛晉封為太尉、武勝定國軍節度使。但很多人認為這個協議與金約為伯姪，非常屈

辱，而且山東、河北就收不回來了。岳飛聲稱中原乃至幽燕唾手可得，不需要議和，秦檜暗中懷恨在心；簽書樞密院事王庶當面叱責秦檜，被罷官；翰林院編修胡銓上疏請斬秦檜等主和派，被貶往廣西。此時秦檜一派勢力畢竟很大，宋廷最終通過了議和的決議。

紹興九年（金天眷二年、西元1139年），宋廷以簽書樞密院事王倫假端明殿學士，赴金帝國上京（會寧府，今黑龍江省阿城區）奉迎徽宗梓宮及宗室人員，到河南、陝西接受土地的官員也紛紛出發。其中，觀文殿學士孟庚任東京留守，先期上任。濟州防禦使、龍神衛四廂都指揮使、主管侍衛馬軍司劉錡任東京副留守，帶兵後繼趕到。劉錡的兵力主要是前護副軍，也就是王彥的八字軍3.7萬人，臨行前又從殿前司劃撥了三千人，共四萬兵前往東京。劉錡從臨安出發，溯江而上，有2,200里路程，快到順昌府時，得到了金人敗盟來侵的消息。

原來金帝國內部已經發生劇變，沈王完顏兀朮升任都元帥後，聯合陳王完顏希尹鬥倒了完顏撻懶，完顏撻懶在逃往南宋途中被完顏兀朮所追殺。和平天使完顏撻懶一死，戰爭狂人完顏兀朮立即改弦更張，扣押王倫，不顧盛夏不宜作戰，急令搶占原偽齊國土。右副元帥完顏撒離喝入陝西，驃騎大將軍李成入河南，完顏兀朮自率精兵十餘萬入汴京。劉錡尚未到達，光桿司令孟庚只好投降，完顏兀朮又立即率兵繼續向南進攻順昌府。劉錡帶輕兵棄舟陸行，趕到順昌，輜重大部隊尤其是最精

第三章　武穆英魂

銳的選鋒、遊奕兩軍未能跟上，加上順昌當地部隊也只有不足兩萬兵。

　　陳規告訴劉錡順昌府屯有不少糧食，但很多人都認為順昌無險可守，應趕緊保護老幼退回江南。劉錡慨然道：「我本來赴任東京留守，現在東京已失，但我們仍然有城可守，怎能放棄？我意已決，敢言去者斬！」並鑿沉船隻，以示絕無去意。劉錡又將全家搬到順昌府，在門口堆滿薪柴，告訴守衛一旦作戰不利，就舉家自焚，不辱敵手！劉錡氣蓋雲天，全城軍民也無不氣激，願與劉將軍共同堅守，男子備戰守，婦人礪刀劍，萬眾一心對抗金軍。尤其是八字軍，由於是游擊隊出身，在御前軍中地位較低，經常遭其他部隊欺負，還因此發生過械鬥，這一次爭相呼躍：「平時人們欺負我八字軍，今天要為國家破賊立功！」

　　劉錡、陳規親自在城上準備守禦，6天後金軍遊騎來到城下，繼而大兵包圍順昌。劉錡在城下設伏，生擒金軍千戶阿黑等二人，問出韓常在離城三十里的白沙渦紮營。劉錡遣千餘人夜襲韓營，金軍無備，被殺傷甚重。繼而金軍三路都統、葛王完顏烏祿與龍虎大王突合速合兵三萬來到城下。劉錡下令大開諸門，金人猶豫了很久還是不敢接近，是歷史上「空城計」的一次成功典範。金軍不敢進城，只在城外射箭，但豈是神臂弓的對手，只好退卻。金軍一退，劉錡立即派步兵出城邀擊，金軍溺河死者無數，損失鐵騎數千。宋廷在後方已得知順昌的情

第四篇　以金人秋淚償靖康之恥

況,特授劉錡鼎州觀察使、樞密副都承旨、沿淮制置使,並派劉光世率軍赴援。宋廷又封韓世忠為太保、英國公,張俊為少師、濟國公,岳飛為少保,與金帝國全面開戰。

　　順昌城下的金兵越來越多,陳規又提出許多守城戰略,劉錡一一採納,遣驍將閻充募五百勇士夜襲金營。當晚,閃電頻繁,黑暗中宋軍藉著電光,見辮髮者便砍。金軍一時陷入混亂,自相砍殺,死傷慘重,退卻十五里紮營。劉錡又募百人繼續劫營,有人請銜枚行軍,以免被發現。劉錡哈哈大笑,令全軍吹著竹哨進攻金營。宋軍待電光起就奮擊,停電則藏匿不動,並以竹哨為信,聚散自如。金軍到了精神崩潰的邊緣,「終夜自戰,積屍盈野」,只好退去。

　　數日後,越國王、都元帥完顏兀朮率十萬大軍趕到順昌,責備諸將作戰不力。諸將答道:「南軍已今非昔比,國王自己去看看便知。」完顏兀朮來到城下,見城池簡陋,豪言道:「這城牆我一腳就可以踢倒!明早在府衙會餐,諸軍搶得子女金帛可以自留,成年男子全部殺掉!」並折箭為誓,金軍士氣大振,狂呼願隨都元帥殺掠。而宋軍諸將見敵軍勢大,認為可以乘勝全軍而返。劉錡道:「朝廷危急,正當用兵之際,何況我們已經挫敗敵人鋒銳,軍勢稍振,雖然眾寡懸殊,但有進無退。現在完顏兀朮大軍已到,我軍一動,必然遭到邀擊,則前功盡棄。敵軍還會趁勢進攻兩淮,震驚江浙,我等平生報國之志,反成誤國之罪啊!」眾人感慨,願隨劉錡盡忠。

第三章　武穆英魂

　　劉錡曾派間諜讓完顏兀朮誤以為自己是個花花公子，非常輕敵，甚至連砲石、鵝車等工具都不帶來。劉錡派耿訓主動向完顏兀朮下戰書，完顏兀朮怒道：「劉錡怎敢與我戰？我一腳就要踢倒城牆！」耿訓答道：「劉太尉不但要和四太子戰，還說四太子必然不敢過河，願意獻浮橋五座，過河來戰。」完顏兀朮立即答應明日會戰！

　　第二天，金軍果然通過浮橋，到城下列陣邀戰。事前劉錡已在上游下毒，戒令士卒雖渴死不准飲。當時六月天氣大熱，劉錡讓宋軍輪番衛戍，充分休息。而金軍急於進攻，人馬不卸甲，非常渴累，飲水後不少人中毒。宋軍諸將在城上觀察金軍陣形，都認應先攻韓常部，劉錡認為即使擊退韓常，只要完顏兀朮挺住不動還是沒用，只要擊退完顏兀朮本部，其餘部隊自然就會潰散。清晨天氣清涼時劉錡按兵不動，將鎧甲放在日光下曝晒，下午天氣變熱突然派數百人穿著熱甲出西門接戰，緊接著派數千人出南門，直奔完顏兀朮本部，與金軍決戰！

　　這一次完顏兀朮帶來了他的精銳部隊：長勝軍。這不是郭藥師的常勝軍，而是完顏兀朮手下從未敗過的無敵戰陣。中央主陣由鐵浮屠推進，三人一組，身後拖著拒馬樁，每進一步，拒馬樁便跟進一步，戰士有進無退。兩側翼則以鐵騎為枴子馬包抄。這支戰隊全部由女真完顏本部戰士組成，專用於攻堅，從無敗績，故號稱「長勝軍」。劉錡派數千鋼甲重斧兵，專克鐵浮屠。宋軍用標槍挑開金兵鐵兜，再用巨斧劈砍。統制官趙

撐、韓直身中數箭,仍奮戰不已。文官陳規在城頭督戰,被流矢射中衣襟,毫無懼色。宋軍氣血激昂,愈戰愈勇,鐵浮屠損失慘重。金軍以柺子馬來合,宋軍中的河北義軍主動請纓,將其迎頭痛擊。戰至下午,金軍損失太大,被迫將陣形後撤。宋軍設好拒馬樁,就地用餐,金軍遠望卻不敢來攻。宋軍不慌不忙吃完飯,養足力氣,撤開拒馬樁又發起新一輪衝擊。又累又餓還中了點毒的殘敗金軍哪裡還能抵抗,大潰而去。四太子這一次非常倒楣,當晚暴雨,平地水深尺餘,劉錡趁機劫營,完顏兀朮苦不堪言,拔營北去。劉錡又遣兵邀擊,金兵只顧北逃,被追殺者萬餘。

完顏兀朮逃回陳州,痛罵諸將,自韓常以下都挨了鞭子。其實這仗是他自己親自指揮的,應該承擔首責,此舉有失名將風範。劉錡晉封武泰軍節度使、侍衛馬軍都虞侯、知順昌府。陳規晉封樞密直學士、淮西安撫使、知廬州,卻很快卒於任上,享年70歲,贈右正議大夫,諡號智敏,後追封忠利侯,立賢守廟。陳規以一介文官帶兵守城,立功無數,著有《攻守方略》傳世,被視為古代守城的經典教科書。

建炎三年出使金國的徽猷閣待制洪皓,一直被扣留在北方,頑強不屈,被稱為「宋之蘇武」,他從北方偷傳消息說順昌之戰後金人震恐,將財物都遷往北方,可能是準備放棄中原甚至幽燕了!所以當時很多人認為如果諸將齊心協力,不說收復幽燕,至少可以收復汴京。劉錡、陳規在中原戰場取得順昌大

捷同時,吳璘也在川陝戰場大敗完顏撒離喝,形勢突然變得對宋帝國非常有利。但秦檜堅持要求停戰,失去良機,殊為可嘆。

正是:

銅牆鐵壁阻敵軍,墨守陳規立功勳。

雖有盛譽寫春秋,幾世相傳留錯名。

■ 李顯忠:帶血歸來的異族忠臣 ■

在漢式帝國中雖然存在民族概念,但並不做為劃分人群的依據,除皇帝本人以外,所有人都是公平的國家公民,非漢族人也不會被排斥。「異族(mixed)」在西方是帶有嚴重敵意的詞彙,但在漢語中僅表示除漢族以外其他民族的統稱,並無任何其他意義。由於華夏文明強大的包容性和吸引力,歷史上許多其他民族和漢族和諧相處,其中一些能人也成為中華帝國的高官。那麼在靖康之難這個歷史鉅變時,那些受到中華文明巨大感召力的異族人士又會作何選擇呢?南宋名將李顯忠就是一個很好的答案。

李顯忠,本名李世輔,党項族,陝西綏德人,生於徽宗大觀三年(西元1109年),家族自唐代起世襲蘇尾九族巡檢。李顯忠17歲便隨父李永奇在軍中效命,投身抗擊金軍的戰鬥。富平之戰後,金人攻陷延安府,李永奇勢弱不能抗,被迫接受金國

的官職。但李永奇聚集家族，痛哭流涕，要子姪們不忘國家厚恩。後李顯忠歸為完顏兀朮部屬，一直設法劫持完顏兀朮，但始終沒能抓住機會。而完顏兀朮認為李顯忠不是漢人，非常信任，授承宣使，知同州（今陝西省大荔縣），回到陝西。

紹興九年初，李永奇又定計由李顯忠劫持左副元帥完顏撒離喝，然後投奔吳玠，他趁機起兵取延安。果然，完顏撒離喝毫無防備，被李顯忠所劫。李顯忠抓住他疾馳出城，金軍連忙來追，李顯忠屢戰獲勝，但金騎越來越多，李顯忠料不能脫，於是與完顏撒離喝折箭為誓，要求不殺同州人，不殺李氏親族。完顏撒離喝同意後李顯忠放開他疾馳逃去，又遣人急報李永奇。李永奇忙攜老幼出城，可惜被金軍抓獲，全家二百餘口被殺。當日，天昏大雪，延安人聽到李永奇舉家遇害，無不泣下。

李顯忠僅帶26人投奔西夏，對夏崇宗痛哭流涕，咬牙切齒道父母妻兒均被金人所殺，求西夏借兵20萬，可取陝西五路歸夏，自己也可以報血海深仇。夏崇宗先給了他三千騎去除掉一個叫「青面夜叉」的部族首領。李顯忠馬到成功，將青面夜叉擒來。夏崇宗大喜，立即發兵20萬，以文官王樞、武將移訛為陝西招撫使、副，以李顯忠為延安招撫使，準備從金國手中奪取陝西。

然而意外的是，李顯忠率軍來到延安時，守城的卻是宋帝國鄜延路總管趙唯清，原來鄜延路已經重新歸宋。這時李顯忠

已經是西夏大將,李顯忠本人是党項族,而且立大功的機會就擺在眼前,又急待報血海深仇。但先父正是為大宋而盡忠,李顯忠究竟應該站在哪一邊?一個武夫,突然之間遭到命運的如此玩弄,李顯忠不禁哭倒在地,眾人無不痛哭,百姓更是哭聲不絕。

是啊,寧為太平犬,不做亂世人。在亂世中,人就是會經常遭到命運的殘酷擺布。

但是,一個正直純粹的人,或許會受到命運一時的困擾,但又怎會被雜念斬斷忠義大節呢!

李顯忠是党項人,西夏、金國對他的待遇都很高,更重要的是,只有在這些國家的社會制度下,他才能保住世襲領主的地位。但是,父親的教誨猶在耳邊,他為什麼堅持要為大宋而不是別的國家盡忠呢?這並不是因為大宋能給他更多私利,而是因為這才是真正值得他深愛的祖國。這個國家講究夷夏之防,但卻從無民族歧視;這個國家有貧富差距,但卻給了百姓從未有過的富足生活;這個國家恪守禮教,但卻從不束縛人民的思想;這個國家創造了光輝燦爛的偉大文明,引領著地球人類邁進現代社會。正是這樣一個使得李永奇、折御卿、劉光世,還有唐朝的契苾何力、高仙芝,明朝的鐵鉉、滿桂這些異族領主甘願放棄世襲主權而加入到捍衛她的熱血兒女中來的偉大祖國,難道深明大義的李顯忠還不明白自己該怎麼做嗎?

李顯忠擦乾眼淚,提刀上馬,率八百蘇尾騎士來見王樞,

第四篇　以金人秋淚償靖康之恥

道：「現在宋金議和，招撫請帶兵回去吧。」西夏人當然不願意，李顯忠突然提刀向移訛砍去，移訛也早有準備，閃身躲過，但李顯忠還是抓住王樞逃去。移訛率鐵鷂子來攻，李顯忠率部背城列陣，馳揮雙刀入陣，所向披靡。宋軍無不為忠義所感，氣血激昂，大敗夏軍，斬首萬餘級，獲馬四萬餘匹（據《宋史》，《西夏書事》作四百匹）。李顯忠入城誅殺了害死他家人的仇人，報了家仇，又出榜招兵，不久便招到馬步軍四萬餘。完顏撒離喝在耀州聽說李顯忠整軍而來，知道他勢不可擋，竟然夜間遁去。

完顏撒離喝跑後李顯忠帶兵到河池見吳玠，吳玠撫之曰：「忠義歸朝，唯君第一。」授承宣使、指揮使。李顯忠又覲見高宗，高宗非常高興，賜名顯忠。完顏兀朮殺死完顏撻懶南侵，李顯忠任招撫司前軍都統制，數敗完顏兀朮，戰後因功封保信軍節度使、浙東副總管。同時李顯忠還是個有情有義的好男人，當他得知結髮妻子在金國沒有死，偷偷派人把她接回來，這可是要承擔私通敵國嫌疑的重大風險。秦檜抓住把柄，將其降為平海軍承宣使，免去實職，後又復為寧國軍節度使。

李顯忠做為少數民族，在宋帝國風雨飄搖之際，沒有為私利所動，沒有為雜念所擾，正確的選擇了他應該效忠的祖國。他身上的這種浩然正氣正是中華民族一脈相承的偉大精神，也正是這種精神，推動著人類歷史向正確的方向滾滾前進。

第三章　武穆英魂

正是：

一氏家國一世仇，一生血淚一聲啼。
自古忠孝可兩全，深明大義與天齊。

■ 和吳玠一樣的剋星 ■

吳玠卒後，其弟吳璘基本接替了他在川軍中的位置。完顏撻懶歸還河南、陝西，陝西除了本來就被川軍占據的階、成等州，關西大部分土地都已經被西夏占去，金國歸還的主要是長安、鄜延、熙河、秦鳳幾路。宋廷以樞密直學士、四川安撫制置使兼知成都府胡世將升任寶文閣學士，主持四川宣撫司工作，他要求川軍進駐陝西。吳璘與胡世將見面後立即訴苦道：「金大軍就在河中府（今山西省永濟市），騎兵疾馳，不五日可到川口。我軍遠在陝西，發生緊急情況根本來不及回救，現在議和形勢一片大好，朝廷就忘了戰備，還準備廢棄仙人關，這正是危急存亡之秋啊！」胡世將聽了立即上奏，要求按吳璘的意思繼續堅守仙人關，還說透過諜報得知完顏撒離喝的戰略就是引誘川軍入陝，然後在關中平原的熟悉地勢殲滅川軍。後來吳璘只帶了一些近衛軍到秦州赴任，大軍留守山寨。樞密院都統制郭浩則冒險率軍就任鄜延經略使兼知延安，不久胡世將被正式任命為川陝宣撫副使，將宣撫司設在河池。

第四篇 以金人秋淚償靖康之恥

果然,紹興十年完顏兀朮殺死完顏撻懶,全面侵宋。完顏撒離喝率大軍搶占長安,並進攻鳳翔,進駐陝西的宋軍果然有很多被隔在了敵後,一時人心震恐。胡世將召開緊急會議,參謀官孫渥認為河池太靠前,可將宣撫司退到仙人關以後。吳璘厲聲叱責:「懦語沮喪士氣,可斬!」文官胡世將豪氣大發,指著營帳道:「世將誓死於此!」孫渥也非常慚愧,胡世將派他和田晟帶三千軍到涇原禦敵。吳璘又遣統制官姚仲帶兵到鳳翔府石壁寨(今甘肅省天水市吳寨)禦敵,正好遇上金軍前鋒,將其擊敗,金軍暫退武功縣。朝廷正式下詔由吳璘節制川陝諸路軍馬,主持西線戰事。

完顏撒離喝大軍陸續來到武功,先遣鶻眼郎君率鐵騎三千出戰。吳璘沒有以步兵方陣禦敵,而是遣李顯忠之子李師顏率騎兵反衝,鶻眼郎君大敗而逃。李師顏猛追至扶風,生擒三名金將。完顏撒離喝大怒,親率大軍到扶風西南的百通坊會戰,列陣二十餘里。吳璘遣姚仲力戰破之,完顏撒離喝輸了頭陣,認為形勢不太有利,於是引兵退卻。被隔在北方的郭浩開始向南突破,首先解除耀州(今陝西省銅川市)之圍,又攻克醴州(今陝西省乾縣),但很難從平原上突破金軍的封鎖。胡世將遣田晟、王彥率兵前去接應,與郭浩形成夾擊之勢。完顏撒離喝在清溪嶺(今陝西省涇川縣西南)與田晟接戰,田晟遣統制曲汲、秦弼為前鋒。完顏撒離喝留五名千戶防守鳳翔,自率精兵前往迎戰。曲汲苦戰後不支,退保涇州。完顏撒離喝繼續猛攻

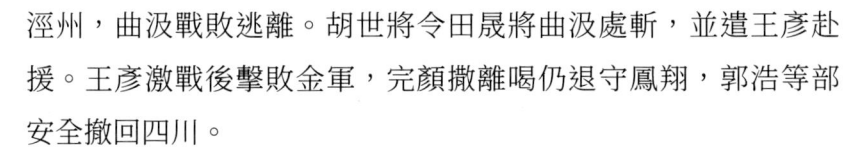

涇州，曲汲戰敗逃離。胡世將令田晟將曲汲處斬，並遣王彥赴援。王彥激戰後擊敗金軍，完顏撒離喝仍退守鳳翔，郭浩等部安全撤回四川。

戰後吳璘授鎮西軍節度使、侍衛步軍都虞侯，胡世將授端明殿學士。次年八月秋，到了適合金軍作戰的季節，完顏撒離喝遣統軍使蒲察胡盞、完顏習不祝合兵五萬餘，進駐秦州東北的劉家圈，準備進攻川陝。胡世將以吳璘率主力軍2.8萬出擊秦州，郭浩、楊政等部分別進攻華、商等州，策應吳璘。吳璘進軍至渭水北岸的剡家灣，金軍已經占據有利地勢，前臨峻嶺，後控臘家城。吳璘召開參謀會議，姚仲認為不能在平原正面抗擊金軍鐵騎，要在山上作戰。吳璘同意他的觀點，派人向金軍下戰書，並讓姚仲、王彥悄悄上山，約定金軍上山來就放火。金軍二將中完顏習不祝善謀，胡盞善戰，接到戰書後，完顏習不祝認為吳璘必有計策，不宜應戰。胡盞自持驍勇，認為金軍勢大，應該迎頭痛擊。吳璘又幾次三番以輕兵挑釁，胡盞終於忍不住帶兵衝出寨門，完顏習不祝無奈只好帶兵跟隨。宋軍輕兵迅速逃往山上，金軍尾隨而至。追到半山坡時突然火光四起，宋軍伏兵大起，金將驚愕道：「吾事敗矣！」

吳玠用「駐隊矢」在軍事史上留下了自己的地位，其弟吳璘也用「疊陣」留下了濃墨重彩的一筆。所謂疊陣，第一層列長槍，坐在地上不得站起；第二層列弓弩，跪膝以俟戰機；第三層神臂弓。戰鬥時，敵軍進入百步內，則神臂弓先發；70步時，

第四篇　以金人秋淚償靖康之恥

第二層弓弩齊射，所有弓弩火力集中在共面，異常凶猛。陣前還立有拒馬椿，以鐵鉤相連，被沖毀了指揮官立即敲鼓，前陣就更換；坐在第一層的長槍兵也可以有效阻止騎兵衝擊；兩翼備有騎兵，結陣前掩護步兵列陣，陣成後做為預備梯隊。這是一種非常複雜的陣形，充分發揮了宋軍各個兵種的特點，是衝擊型騎兵的剋星。後世明太宗和拿破崙也使用類似軍陣，而且把弓弩換成火器，更加厲害。

金軍面對吳璘的疊陣，不可能現場破解，第一輪衝鋒後便知必敗，開始退卻。吳璘立即麾軍猛衝，金軍死傷無數，僅降者便有萬餘。胡盞、完顏習不祝率殘兵退保臘家城，吳璘圍攻，金軍損失極大，士氣又低落，無法抵抗吳璘的攻勢。然而眼見這支五萬餘人的金軍就要被全殲之際，朝廷卻下詔班師，胡世將接到詔令，長嘆不已。不久胡世將病重，以資政殿學士、簽書樞密院事致仕，旋即病卒，享年 58 歲。第二年，在秦檜的主持下，宋廷又割和尚原等戰略要地。

戰後，吳璘授檢校少師、階成岷鳳四州經略使，後累遷奉國軍節度使、御前諸軍都統制，拜少保，基本繼承了吳玠的四川土皇帝地位。吳玠去世時，金軍尤其是完顏撒離喝一度認為他們在四川最大的剋星已經墜落，但很快又悲哀的發現，那個人的弟弟和他本人並沒有實質區別，依然是他們無法戰勝的剋星。多年後吳璘的兒子吳挺還要接過伯、父的槍，繼續鎮守四川，完顏兀朮、完顏撒離喝都活不到吳家軍退出歷史舞臺的那一天了。

第三章　武穆英魂

■ 撼山易，撼岳家軍難！■

其實完顏兀朮的南侵也很倉促，幾乎是全線大敗，劉錡、吳璘連獲大勝。年輕的宋高宗激動得手舞足蹈，原來派出支援的部隊現在正好都可以投入戰略反攻，岳飛、韓世忠、張俊、楊沂中等部紛紛出擊，甚至將免職的劉光世也請出帶兵北伐，並令資政殿學士、福建路安撫使張浚建造千艘海船，準備直指山東。

首先是韓世忠進圍陳州，金軍幾路救援都被打敗。張俊、王德合兵亳州，叛賊酈瓊棄城而逃。而岳飛、劉光世的任務是支援順昌的劉錡，俟機反攻中原。

多年來，宋軍雖沒有大舉北伐，但岳飛一直與北方義軍保持連繫，李寶、梁興等一直打著岳飛的旗號在敵後抗金。岳飛讓他們東援劉錡，西援郭浩，待他大軍到時，夾擊金軍，收復中原。岳飛向高宗密奏他和義軍的連繫，高宗授其河南北諸路招討使，統一指揮北方義軍，並親書手札：「設施之方，一以委卿，朕不遙度。」但秦檜卻堅決要求議和，尤其是完顏兀朮在順昌大敗，秦檜要求各軍不准進攻以備議和，並遣司農少卿李若虛到岳飛軍中頒詔，要求岳飛退屯鄂州。

岳飛向李若虛痛陳機不可失，並拿出高宗授權他指揮的手札，保證出兵必勝。手札雖是皇帝御筆，但屬私人性質，效力低於朝廷詔書，出兵仍是違詔。但李若虛大義凜然，表示願意

第四篇　以金人秋淚償靖康之恥

承擔違詔責任，支持岳飛進軍。岳飛立即遣王貴、張憲、牛皋等部將分別率兵進攻洛陽、汝、鄭、陳、蔡等戰略要地，欲將河南一口吃下。很快各路奏捷，先鋒張憲在潁昌（今河南省許昌市）大敗駐守的金軍韓常部，岳飛令宣撫司都統制王貴率主力進駐潁昌，自率輕騎在潁昌以南百里的郾城（今河南省漯河市）設立總部。張憲與牛皋、徐慶部會合後東進收復陳州，郝晸部西進收復鄭州、洛陽。現在宋軍就對開封形成鉗擊之勢，隨時可以合圍。

完顏兀朮剛在順昌遭受重創，現在宋軍各路開進，「大懼」。但完顏兀朮也無愧為一代名將，很快冷靜下來，召集眾將商議，最後議定，宋軍各路都還好，岳飛最可怕，要先將其誘出，併力一戰，勝則有一線生機。但不知為何這個計策卻洩漏出去，宋高宗聽到後竟然也「大懼」，連忙賜札提醒岳飛注意安全。岳飛哈哈大笑：「金人黔驢技窮了！」不但沒有退縮，反而主動挑戰。完顏兀朮大怒，合龍虎大王、蓋天大王與韓常等各部直逼郾城，其中有他重新整頓後的長勝軍一萬五千餘騎。岳飛的主力都已向前推進，郾城只有背嵬軍、遊奕軍等數千親衛。這當然不是岳飛的失誤，雖然己方兵少，但士氣如虹，而敵軍士氣已失，他認為透過一場惡戰抵住金軍完全有可能，也只有這樣才能保持現有的戰略態勢，準備合圍開封。否則他的總部一動，讓金軍穿插到後方，他已進駐陳州、洛陽等地的主力部隊不但不能合圍開封，連撤回南方都很危險。岳飛在郾城迎戰兀

第三章　武穆英魂

朮的絕對優勢兵力，並非簡單的武勇，而是有深謀遠慮的戰略規劃。

完顏兀朮率大軍繞開宋軍各部，直抵堰城，岳飛在城下列陣迎戰。岳飛遣養子岳雲率騎兵先出，要求他直貫敵陣，戒令：「不勝，先斬汝！」岳雲使一對80斤鐵椎，率精騎從金軍陣中穿過，無人能擋，又同樣殺回，金兵依然不能擋。如此數十回合，一向仰仗騎兵剽悍的金兵被漢騎殺的屍橫遍野。這時完顏兀朮祭出長勝軍，以枴子馬陣形鉗擊宋軍。岳飛也知道決戰時刻到來，遣步兵入陣，戒令步兵帶麻札刀、大斧，只管砍馬腳，不得仰視。須知長勝軍都是重裝鐵騎，大多使用狼牙棒等長兵器，遠望尚且令人膽寒，又有多少人敢埋著頭衝到他們面前去砍馬腳？但宋軍將士經過岳飛嚴格訓練，戰術規劃和紀律極強，拋開一切雜念，奮勇迎向山崩一般的重騎鋒芒，冒著頭頂橫飛炫舞的殺人兵器，全力砍向馬腳，長勝軍紛紛倒地，岳飛看準時機，一聲令下，全軍突擊。裨將楊再興單騎直插完顏兀朮帥旗，金軍大驚，奮力將主帥擋住，楊再興手刃數百人殺出重圍，血漫徵袍。宋軍將士無不氣血激昂，長刀巨斧紛紛斫開金軍厚甲，金軍實在不支，大敗而逃。長勝軍繼在順昌大敗後，在堰城再遭重創，從此一蹶不振，退出戰爭舞臺。完顏兀朮大慟道：「自海上結盟以來，我都以這支部隊取勝，現在完蛋了！」

第二天，憤怒的完顏兀朮整軍復戰，岳飛遣部將王剛先以

50騎衝陣，奮斬金軍先鋒裨將，岳飛趁勢以主力出戰。金軍雖敗，但畢竟有數量優勢，戰鬥進入膠著。岳飛見戰塵蔽天，親率40名近衛衝入戰陣，參謀官霍堅挽住戰馬道：「相公（少保是享受副相待遇的虛銜）是國家重臣，安危所繫，怎能親自入陣？」岳飛用鞭抽開霍堅，率親兵衝入陣中，施展武藝，弓矛並舉，殺傷敵軍無數，陣斬金軍主將阿李朵孛堇。將士們見岳相公親自入陣，氣血激昂，連宣撫司的文官們都紛紛提起武器衝入戰陣，金軍再不能抗，大潰而去。

堰城大捷後不久，楊再興率三百騎在堰城以北的小商橋巡哨，遭遇大隊金軍。宋軍血戰殺死金軍兩千餘人，陣斬萬戶撒八孛堇。《宋史》上還說殺死百名千戶，這可能又過於誇張。由於寡眾懸殊，楊再興、王蘭、高林以及三百宋軍戰士全部壯烈犧牲。後宋軍取回楊再興的屍體，火化後得箭簇二百餘個，可見其死前血戰之激烈！岳飛研判完顏兀朮奪取小商橋的目的是為了隔斷宋軍總部與前軍的連繫，必還攻穎昌，令岳雲率騎兵快速赴援。果然，完顏兀朮在穎昌和堰城之間的臨穎集結12萬大軍，準備擋住岳飛並反攻穎昌。

岳雲疾速趕到穎昌，完顏兀朮大軍也已到達，城內的王貴帶兵出城與岳雲合兵會戰，兩軍在城西鏖戰。宋軍最常見的戰法是步兵居中，扛住敵軍後由騎兵從兩翼側擊。但此戰宋軍人數太少，不能結常規的萬人大陣，於是岳飛令使用另一種陣形，由騎兵居中突擊，衝開敵陣後，由步兵從兩翼包抄。王貴

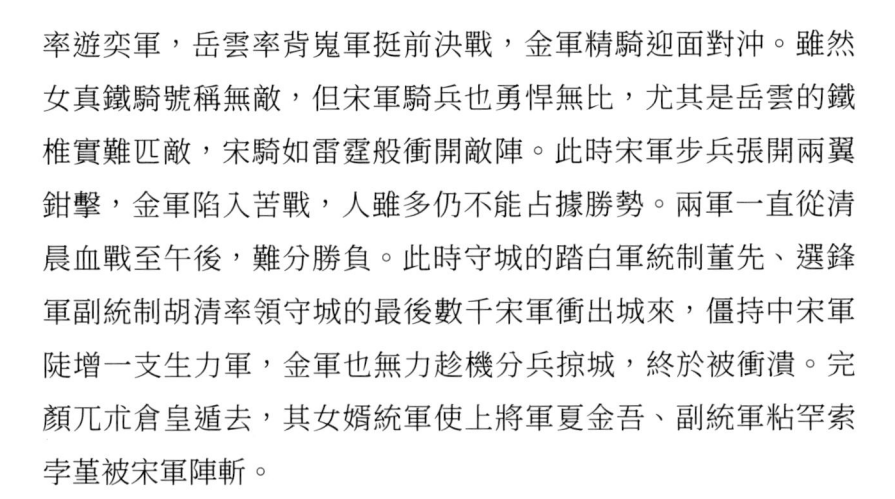

率遊奕軍，岳雲率背嵬軍挺前決戰，金軍精騎迎面對沖。雖然女真鐵騎號稱無敵，但宋軍騎兵也勇悍無比，尤其是岳雲的鐵椎實難匹敵，宋騎如雷霆般衝開敵陣。此時宋軍步兵張開兩翼鉗擊，金軍陷入苦戰，人雖多仍不能占據勝勢。兩軍一直從清晨血戰至午後，難分勝負。此時守城的踏白軍統制董先、選鋒軍副統制胡清率領守城的最後數千宋軍衝出城來，僅持中宋軍陡增一支生力軍，金軍也無力趁機分兵掠城，終於被衝潰。完顏兀朮倉皇遁去，其女婿統軍使上將軍夏金吾、副統軍粘罕索孛堇被宋軍陣斬。

撼山易，撼岳家軍難！

這不是宋軍的自我吹噓，而是金軍將士發自內心的讚嘆。看敵軍如此評價宋軍，而那這些「文弱」宋人的後代又是如何評價自己的祖先呢？

■ 淚灑中原 ■

堰城、穎昌大捷後宋軍形勢一片大好，北方義軍更加積極，紛紛打著岳飛的旗號在敵後活動。華北地區人民爭相輓車牽牛運送物資，頂盆焚香迎候義軍。完顏兀朮又調集簽軍抵抗岳飛，但燕山以南的淪陷區人民竟無人從命！這正是一支偉大的軍隊，為國民帶來的傲然自信！一個國家必須要有頑強的人民才能挺立於世，而人民也只有對國家充滿信心時，才會不屈的

團結在他身邊,抗拒侵略者的淫威。完顏兀朮的信心也降到了冰點,嘆道:「我自從北方起兵來,還從未遇到這樣的挫折。」金軍的士氣面臨崩潰,金帥烏陵思謀以智謀著稱,但此時也無法制約部眾,甚至喪氣的說:「先不要輕動,待岳家軍來了再投降罷。」金軍統制王鎮等漢將紛紛向岳飛投降,甚至金帝國禁衛軍龍虎大王麾下的忔查千戶高勇也受到岳飛的召喚,遠自北方來降。金軍第一猛將韓常也準備帶五萬軍降宋,金軍一時人心惶惶。

岳飛喜不勝收,對部下說:「我們直抵黃龍府,與諸君痛飲爾!」岳飛年輕時曾酒後毆打戰友幾乎致死,一直耿耿於懷,曾在高宗面前保證過帶兵時再不飲酒。此時公開宣稱要與部下暢飲,可見心潮是何等澎湃。而黃龍府是女真部發源地,在極北苦寒之地,岳飛此時想的恐怕不僅僅是收復故土,而是要徹底攻滅金帝國,以報靖康之仇。

但事實上,在岳飛出兵之前,秦檜就已經糾集其在臺諫的黨羽,要求與金議和,並要求眾將退兵保守。岳飛手持高宗御札,在監軍李若虛的支持下違詔進軍,取得大捷。中途秦檜多次干涉,岳飛均出示御札,繼續進軍,還向高宗上奏說完顏兀朮已經將老小渡過黃河準備北逃,正是諸路並進,實現中興的良機。秦檜知道自己命令不動岳飛,竟心生毒計,遷張俊為淮西宣撫使,條件是從亳州撤兵。張俊為了得到秦檜的封賞,未得朝廷詔令,便擅自從前線撤兵。韓世忠正在圍攻淮陽,見張

俊退兵，將自己的右肋暴露出來，只好退守楚州。秦檜又遷楊沂中為淮北宣撫副使，劉錡為淮北宣撫判官，全部從前線撤回。當時川軍雖然在陝西大敗完顏撒離喝，但一時也不可能從陝西打出來，中原就只剩下岳飛一部孤懸敵境了。

這時岳飛已推進至開封以南45里的朱仙鎮，完顏兀朮仍集結十萬大軍頑強的列陣相抗。岳飛派五百背嵬軍衝入金陣，全無士氣的金軍立即潰敗，完顏兀朮退保開封。當然，這一次猛烈進攻實際上是撤退的前奏。昔日故都遙遙在望，但形勢卻突然逆轉，各部友軍都已經撤回，岳飛部孤懸敵境。在這遼闊的華北平原上，金軍騎兵可以從各個方向切斷宋軍的補給線和撤退路線，沒有友軍的策應，一支孤軍是不可能停留在這麼大片平原上的，撤退已經是岳飛唯一的選擇。為防金軍邀擊，岳飛才作出進攻開封的姿態，完顏兀朮也明白這個道理，沒有被岳飛嚇走。

岳飛下令各部從郾城退兵回鄂州，自去臨安覲見。退兵時，據說一日奉12道金字牌（不太現實，可能是史家訛傳），東向臨安再拜道：「十年之力，廢於一旦。」百姓攔馬慟哭：「我們資助迎接官軍，金人都知道了，相公離開後我們怎麼辦啊？」岳飛這條鐵漢也不由得悲泣，取出詔書給大家看，道：「我不能擅留啊。」一時間哭聲震野。岳飛花了五天時間，把百姓南遷，奏請朝廷以江漢六郡的閒田安置。

開封，回首遙望這座曾經恢宏富麗的帝都，在陷落金人鐵蹄

第四篇　以金人秋淚償靖康之恥

十年之後,岳飛曾帶著官兵離他只有 45 里之遙,卻因為秦檜的一意求和,與雪恥的希望擦肩而過。岳飛,這位堅強的戰神,也只能無奈的轉過身,將傷感的背影灑在城南的原野中。

■ 柘皋之戰:沒有岳飛的勝仗 ■

雖然秦檜在危急關頭拯救了金帝國,但威脅並未解除,完顏兀朮還必須親自打贏一仗才能確保安全,他又簽發了十餘萬大軍準備再戰。這一次金軍的目標不是要攻城略地,而只需取得一場勝利,就達到議和的目的。

陝西的完顏撒離喝率先進攻商州(今陝西省商洛市)。武功大夫、忠州團練使、知商州邵隆知不可守,焚毀倉庫後率兵撤離。邵隆撤離時對百姓們說:「你們都是王民,不要忘記國朝。」百姓們無不感泣,許多人歸附於他。邵隆並沒有離開,而是躲在山間等待機會反擊。他只帶了十天糧食,吃完後士卒掘草木甚至腐屍為食,異常艱苦。終於金軍向邵隆發起進攻,邵隆設三重伏兵伏擊,戰況異常激烈,邵隆親自擂鼓,士卒無不奮戰,呼聲響徹山谷,以一當百,終於大敗金軍,趁勢收復商州,邵隆因功升右武大夫、榮州防禦使。金軍在西線出師不利。

而完顏兀朮認為張俊是宋軍最大的問題,於是通過壽春推進到廬州附近,引誘張俊前來會戰。高宗立即令張俊的淮西宣撫司迎戰,又令楊沂中、劉錡的淮北宣撫司赴援,並詔令岳飛

第三章 武穆英魂

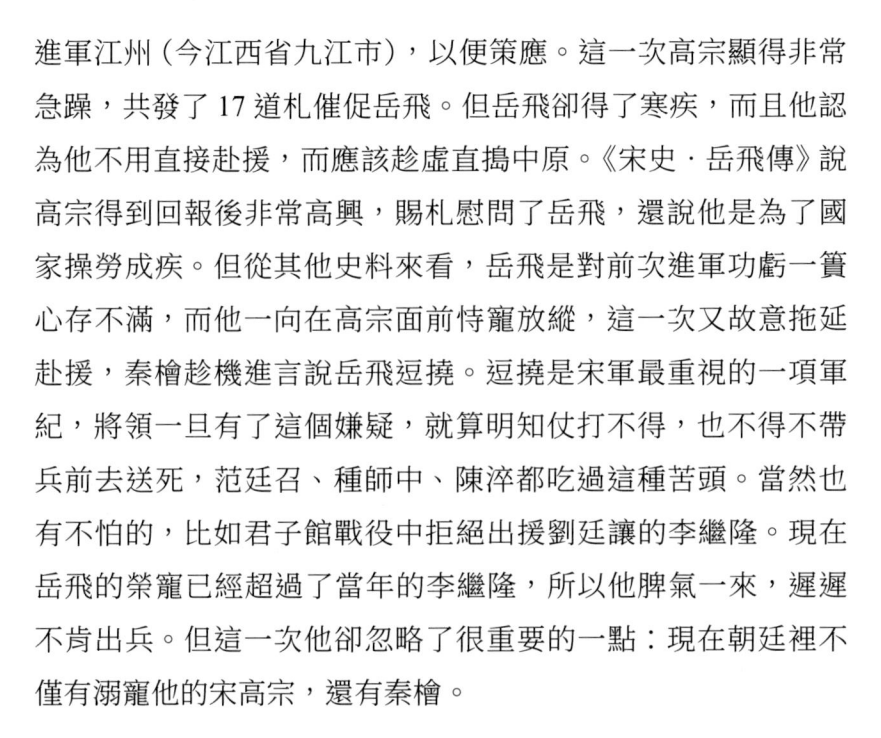

進軍江州（今江西省九江市），以便策應。這一次高宗顯得非常急躁，共發了17道札催促岳飛。但岳飛卻得了寒疾，而且他認為他不用直接赴援，而應該趁虛直搗中原。《宋史‧岳飛傳》說高宗得到回報後非常高興，賜札慰問了岳飛，還說他是為了國家操勞成疾。但從其他史料來看，岳飛是對前次進軍功虧一簣心存不滿，而他一向在高宗面前恃寵放縱，這一次又故意拖延赴援，秦檜趁機進言說岳飛逗撓。逗撓是宋軍最重視的一項軍紀，將領一旦有了這個嫌疑，就算明知仗打不得，也不得不帶兵前去送死，范廷召、種師中、陳淬都吃過這種苦頭。當然也有不怕的，比如君子館戰役中拒絕出援劉廷讓的李繼隆。現在岳飛的榮寵已經超過了當年的李繼隆，所以他脾氣一來，遲遲不肯出兵。但這一次他卻忽略了很重要的一點：現在朝廷裡不僅有溺寵他的宋高宗，還有秦檜。

　　劉錡率先從太平州（今安徽省當塗縣）出發，趕到廬州時陳規剛剛病卒，劉錡檢視城防後認為城池頹破不可守，退守東關（今安徽省巢縣）。張俊的主力進駐長江北岸的和州（今安徽省和縣）。完顏兀朮沒有急於進攻，反而緩緩後退至柘（ㄓㄜˋ）皋（今安徽省巢湖市），因為這裡地勢開闊，利於騎兵作戰，現在的完顏兀朮再也不會逞強輕進了。劉錡取得兩場小勝後推進至柘皋；張俊和淮北宣撫司都統制王德從採石磯渡江，擊敗金軍先鋒韓常部後也推進至柘皋；楊沂中名為淮北宣撫使，實為殿前司和侍衛親軍司的主官，現在也帶領一些侍衛親軍來助戰。

第四篇　以金人秋淚償靖康之恥

　　宋金兩軍隔著石梁河（今柘皋河）列陣，時雨後河水暴漲，金軍拆除橋梁想要阻止宋軍渡河。劉錡見河寬僅兩丈，令士卒堆積薪柴搭成便橋，長槍兵坐在橋上以防騎兵衝擊，宋軍通過便橋順利渡河。楊沂中部率先進攻金軍左翼，但戰況不利。王德急忙進攻金軍右翼，一箭射殺金軍主將（史書未載是何人）。王德部趁機鼓譟疾擊，金軍右翼當即不支。完顏兀朮在後陣立即以枴子馬來援前陣，王德率部奮力迎戰。楊沂中見狀奮起神威，率領侍衛親軍以大斧猛砍金軍重甲兵。金軍的枴子馬兩翼均遭到重擊，未能成功合圍。這時張俊和劉錡的中軍才奮力殺出，金軍看到劉錡的旗號，紛紛道：「這是順昌旗幟！」徹底崩潰，被一舉擊垮，退保紫金山（今安徽省壽縣東南）。完顏兀朮本來以為張俊好欺負，卻還是碰了一鼻子灰。

　　柘皋之戰後淮北軍各部本來已經退還本部，但聽說完顏兀朮圍攻濠州，又連忙趕往救援。但淮北軍趕到離濠州60里時，聽說金軍已經攻陷濠州，旋即又得報金軍已離開濠州。劉錡認為金軍得城又驟退，必然是完顏兀朮的計謀，不可輕進。張俊不聽，令王德和楊沂中率二千騎（《宋史・劉錡傳》稱六萬）進駐濠州，果然在濠州遭到伏擊，倉皇逃回。至此完顏兀朮的戰略目標已算勉強達成，而且韓世忠的水軍已抵達濠州，岳飛雖然沒有動，但仍不可不慮，連忙退回北方，準備議和。

　　柘皋之戰，本是張俊節制諸軍，對完顏兀朮的一次大勝，以不足千人的損失，斬殺金軍萬餘，但勝後卻矛盾重重。張俊本來

就嫉妒劉錡，此戰後又鬧了不少矛盾，回朝後張俊不給報功，還彈劾劉錡作戰不力、岳飛不赴援。秦檜與張俊素有勾結，將劉錡降為知荊南府（今湖南省荊沙區）。岳飛奏稱劉錡是良將，不可離開軍旅，秦檜愈加忌恨他。

秦檜一心求和，幾位統兵大將尤其是岳飛就成為他心頭之患，他想出一條妙計，將張俊、韓世忠升任樞密使，岳飛昇任副密副使，楊沂中授開府儀同三司，升任殿前都指揮使。注意，樞密院的長官是知樞密院事，樞密使只是個虛銜。此舉名為升遷，實則撤銷了他們的宣撫司，解除了他們的兵權，議和已成定局。

至於完顏兀朮大帥，這位女真第一名將，他的軍旅生涯其實也已經走到盡頭，柘皋之戰算是宋軍名將們以最後一次群毆為他送行。宋金議和後完顏兀朮全身心投入到金廷內鬥中。他以都元帥身分牢牢掌握最高軍權，又成功取得漢官集團的支持，不久便將完顏希尹、蕭仲恭等實力派文官鬥倒，晉封太師，領三省事，總攬大權。

紹興十八年（金皇統八年、西元1148年），完顏兀朮薨，諡忠烈，配享太宗廟庭。完顏兀朮自海上起兵以來，在金軍中快速成長，尤其是「搜山檢海」一戰成名。完顏粘罕死後完顏兀朮鬥倒完顏撻懶等主和派，掌握軍權，成為金軍實質上和精神上的完全統帥。儘管建炎中興後宋軍緩過氣來，完顏兀朮連遭敗績。但在遭到劉錫、劉錡、韓世忠、吳玠、吳璘、張俊、楊沂

第四篇　以金人秋淚償靖康之恥

中、李顯忠乃至岳飛這些名將的輪番痛毆後，四太子依然沒有倒下，僅憑這一點他就已經無愧於一代名將。尤其是岳飛猛攻郾城、潁昌之際，金軍已連遭痛毆，換作別人早就跑了，完顏兀朮居然還能堅持到秦檜在後方發難，著實令人衷心敬佩。金世宗（完顏烏祿，漢名雍）認為完顏粘罕死後，女真貴族溺於富貴，醉心於內鬥，若不是完顏兀朮獨力支撐，金國的形勢就太危險了！稱他為女真第一名將，是當之無愧的。

當然，完顏兀朮在民間的名聲並不太好，一方面他在岳飛系列演義中當了大反派，但更重要的是他確實非常殘忍，尤其是士卒用鐵刃相連等督戰方法確實很無人道。而他又經常簽發大量漢、契丹等族人民充當炮灰，給廣大人民帶來了深重的災難，這也就是完顏兀朮等很多戰犯與戰神耶律休哥的真正差距所在。而他的兒子完顏孛迭（漢名亨）以及最親密的戰友完顏撒離喝結局都非常悲慘，死於金帝國的內鬥之中。

■ 盡忠報國 ■

秦檜沒收三大將的軍權，三人態度各不相同。其中年過五旬的韓世忠最消極，身為機關長官，每天穿著非主流服飾出入宰相衙門。後來連虛職也辭去，帶一兩個奚童，到處遊山玩水，真的交出軍權，退休養老。不過養老後韓世忠研發了一種克敵弓，是神臂弓的改進版，非常強大輕便，後來成為宋軍的

第三章　武穆英魂

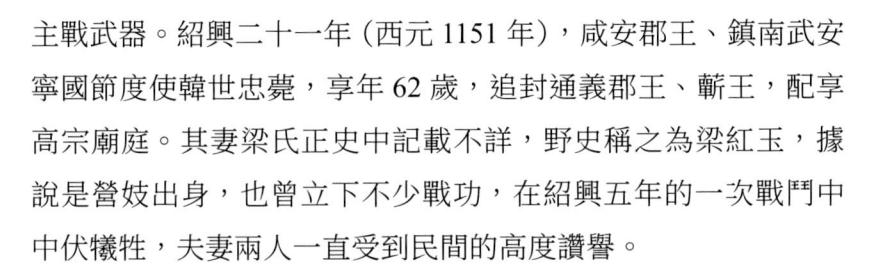

主戰武器。紹興二十一年（西元 1151 年），咸安郡王、鎮南武安寧國節度使韓世忠薨，享年 62 歲，追封通義郡王、蘄王，配享高宗廟庭。其妻梁氏正史中記載不詳，野史稱之為梁紅玉，據說是營妓出身，也曾立下不少戰功，在紹興五年的一次戰鬥中中伏犧牲，夫妻兩人一直受到民間的高度讚譽。

而 39 歲的岳飛始終堅持要求歸還軍權，最後宋廷讓張俊、岳飛重返指揮職位，並讓他們到楚州視察韓世忠的部隊，準備分到二人麾下。韓世忠舊部對此安排異常不滿，甚至一度流傳要刺殺張俊。而張俊、岳飛一路同行，正直的岳飛和私慾頗重的張俊事事不和，加劇了矛盾。當初年輕的岳飛在宋軍中快速崛起，張俊、韓世忠都很嫉妒。為改善關係，岳飛將繳獲楊么的樓船全副武裝了兩艘，分送給張、韓。韓世忠大喜，張俊卻認為是岳飛在炫耀，更加忌恨。後來張浚公開說岳飛、韓世忠是最優秀的兩員大將，岳、韓更加惺惺相惜，張俊則更加忌恨。

韓世忠舊部有一名軍吏景著上言不能分了韓家軍，被秦檜抓住把柄，捕入大理寺，並以此誣告韓世忠。岳飛得知後立即通知韓世忠，韓世忠趕到高宗面前解釋清楚，避免了被秦檜背地裡陷害。秦檜對岳飛的怨恨也達到極點，他與張俊一碰頭，說起岳飛，都是咬牙切齒，遂合謀陷害岳飛。碰巧岳飛在柘皋之戰中表現不佳，又拒絕收復一座他認為不能守的小城，都成為把柄，秦檜鼓動岳飛的仇家諫議大夫萬俟卨（音同「末騎洩」，「萬俟」是拓跋鮮卑的一個部族名，漢化後以此為姓）彈

第四篇　以金人秋淚償靖康之恥

劾岳飛。岳飛本來就不想要這個樞密副使,於是主動辭去,還武勝定國軍節度使銜。宋朝高官被御史彈劾導致降官本來也不是什麼稀罕事,而政治鬥爭也都僅限於權力分配,從不涉及人身,所以岳飛走得很瀟灑。但他並沒料到,這一次,他將成為一個歷史紀錄。

秦檜依次平定各位武將後加緊與完顏兀朮議和,而完顏兀朮議和的一個必要條件竟然是要殺岳飛!在宋朝要殺一個有罪的官員尚且不能,何況是殺一個無罪的少保?但秦檜和張俊都已經報定必殺之心,一定要試一試。王貴本是湖北宣撫司都統制(軍團長),是岳飛麾下最重要的將領,曾因罪差點被岳飛處斬,於是秦檜找他陷害岳飛,被一口回絕。但王貴卻有什麼私人把柄被秦檜把持住,又不得不合作。秦檜又在岳飛軍中找到一個叫王俊的人,最善於誣陷,張俊和他們共同捏造了一起很嚴重的事件:說岳雲寫信給張憲,讓他謊報金人入寇,逼迫朝廷讓岳飛重掌軍權。秦檜將張憲逮捕至大理寺,但始終沒有任何證據,又將岳飛父子逮捕入獄審理。御史中丞何鑄負責審理此案,岳飛裂開衣裳,背上刺有「盡忠報國」四個大字。何鑄審理的結果是岳飛無罪,純係誣告。秦檜大怒,利用職權,又調萬俟卨來審理。萬俟卨動用了許多暗箱操作手段,都是違背當時法律和慣例的。最後萬俟卨宣布岳雲寫給張憲的信已經燒毀,高宗給岳飛的御札是對岳飛有利的證據,他們又將這些御札全部藏起來。

第三章　武穆英魂

　　岳飛被捕期間，很多官員和平民上書言無罪，都被秦檜貶斥。本已決心退出官場的韓世忠找到秦檜質問證據何在，秦檜支支吾吾道：「岳雲給張憲寫信之事雖然不明確，但事體莫須有（大概有的意思）。」韓世忠憤然道：「『莫須有』三字，如何使人心甘！」秦檜始終拿不出能夠宣判岳飛的證據，但一直將其羈押在獄。岳飛被拘後，宋金和議終於達成，史稱「紹興和議」，雙方終於停戰，進入一個相對和平的時期。關於紹興和議的細節，筆者認為史料記載是頗有疑問的。

　　紹興和議的最終定稿大致以完顏撻懶和秦檜商議的藍本為基礎：宋金雙方停戰，西以大散關為界，東以淮河一線為界，約為伯姪之國；金帝國歸還宋徽宗、顯肅、懿節皇后梓宮、宋高宗生母韋氏，但沒有歸還宋欽宗；開放榷場貿易；宋向金交納每年銀、絹各25萬的歲幣。但另有一點令人質疑，那就是金帝國是否冊封了宋高宗，建立君臣關係。若有，按說這應該是一件大事，但《宋史》全無記載，《金史‧熙宗本紀》和當時前往締約的左宣徽使劉筈的傳記均一筆帶過，只有《兀朮傳》中比較詳細，還寫出了冊封的原文。所以紹興和議中，宋金是否確立了君臣關係，是一樁無頭公案。我個人猜測，很可能是金方提出了這個要求，但最終未能達成協議。雖然我也不能確切的指明真相，但至少這是一件值得斟酌的事。然而很多現代人卻抓住這個史料記載含混的事件，不但不加分辨，而且非常興高采烈的做為宋朝的一大罪狀而鞭笞著，這種心態值得玩味。

第四篇　以金人秋淚償靖康之恥

然而就在和議達成後不久，紹興十一年（西元 1141 年）十二月（西曆已在 1142 年），一件令人震驚的事情發生了：秦檜往獄中遞了一張紙條，之後岳飛就死在了獄中！

岳飛做為最偉大的民族英雄之一，死在本國的監獄中，這絕對不是輕鬆的話題，不能繞開不談，殺害岳飛的凶手到底是誰？傳統觀點認為是秦檜為了談和殺害主戰派將領岳飛，有一種新觀點認為宋高宗做為皇帝，才是殺害岳飛的真凶，秦檜只不過是他的一個工具。而高宗殺害岳飛的主要動機是：求和；防範武將坐大；岳飛不該議立皇儲；怕岳飛救回欽宗，威脅到他的皇位。但很顯然的，這些通通都不是事實。

第一，高宗做為皇帝，豈有不想收回故土的道理；第二，宋朝防範武將本身就是謠言，就算要防範，那應該防童貫、張浚，輪不到岳飛；第三，現代人看多了清宮戲，認為臣子不能議立皇儲，其實宋朝的皇儲本身就要由廷議決定，不來議立的重臣才是失職；第四最荒謬，金國一直把欽宗當作對付高宗的殺手鐧，隨時可以復立欽宗，宣布高宗的南宋朝廷非法，所以高宗恰恰是最想救回欽宗的人。

現代流傳高宗欲殺岳飛的動機都是謊言，目的是掩護真正的凶手秦檜。秦檜做為宰相與皇帝爭權，最忌諱的高宗系勢力便是其寵將岳飛，而利用金國對宋廷的壓力，把持議和大權則是他擅權的重要方式，這就是秦檜阻戰求和並殺害岳飛的原因。而無論如何，宋高宗也必須為他沒能保護岳飛負責，正如

第三章　武穆英魂

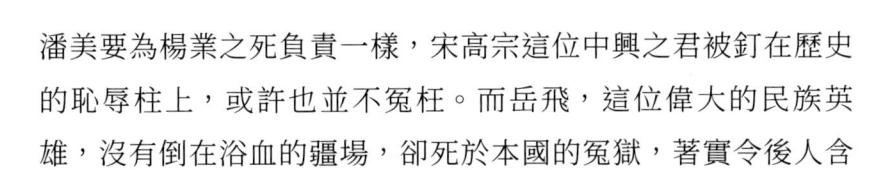

潘美要為楊業之死負責一樣，宋高宗這位中興之君被釘在歷史的恥辱柱上，或許也並不冤枉。而岳飛，這位偉大的民族英雄，沒有倒在浴血的疆場，卻死於本國的冤獄，著實令後人含淚，只留下他的偉大精神融入了中華民族的堅強血脈。

正是：

奔流澎湃驅我前者，無非碧血。

震爍鏗鏘為我歌者，唯有汗青。

戰神踏步起凡塵，欲將一手補天裂。

建炎天子中興將，扶正金烏斜。

是吳昆仲矢，是劉順昌鐵。

是韓樞密問，是岳少保劾。

莫嘆含冤君前死，獨惜未能陣上絕。

只需來者能承志，孟琪仍將敵虜滅。

精忠報國傳後世，教多少豪傑，壯懷激烈。

萬千兒女獻身軀，皆無名武穆，魂貫日月。

第四章
百年恩怨

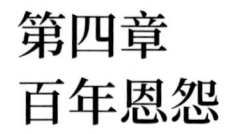

■ 青山有幸埋忠骨，白鐵無辜鑄佞臣 ■

紹興和議後，宋金雙方進入短暫的和平期，秦檜的勢力也達到頂峰。秦檜之姪秦熺高中進士，快速提拔為少保、知樞密院事，秦熺之子秦塤更是高中狀元。很顯然秦檜準備扶植他的兒孫繼續執掌大權，這在宋代很難被人接受。而秦檜又禁止私人修史，限制言論自由，更是違背宋朝祖制，激起公憤。紹興二十年，殿前司小校施全行刺秦檜，差一點得手，而被貶斥的張浚、胡銓等人一直在野堅持不懈的彈劾秦檜。紹興二十五年（西元 1155 年），秦檜病危，高宗到他家探病，秦檜流著淚奏請立秦熺為相。父子相繼為相，這在宋朝並無先例，更不能自己主動提出來，秦檜臨死前提這樣的要求可能是病入膏肓的表現。宋高宗終於抓住一個把柄，下詔加秦檜為建康郡王，秦熺為少師，一併致仕，秦熺的兩個兒子也罷為虛職。當夜，秦檜薨，享年 65 歲，贈申王，諡忠獻。

秦檜任相約 19 年，大權獨攬，一直力主議和，多次葬送大

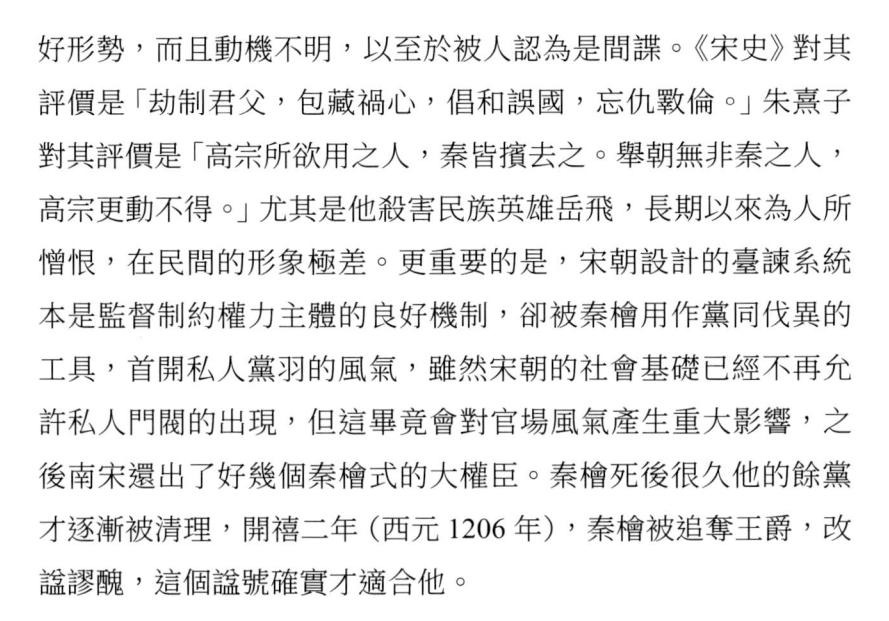

好形勢，而且動機不明，以至於被人認為是間諜。《宋史》對其評價是「劫制君父，包藏禍心，倡和誤國，忘仇斁倫。」朱熹子對其評價是「高宗所欲用之人，秦皆擯去之。舉朝無非秦之人，高宗更動不得。」尤其是他殺害民族英雄岳飛，長期以來為人所憎恨，在民間的形象極差。更重要的是，宋朝設計的臺諫系統本是監督制約權力主體的良好機制，卻被秦檜用作黨同伐異的工具，首開私人黨羽的風氣，雖然宋朝的社會基礎已經不再允許私人門閥的出現，但這畢竟會對官場風氣產生重大影響，之後南宋還出了好幾個秦檜式的大權臣。秦檜死後很久他的餘黨才逐漸被清理，開禧二年（西元1206年），秦檜被追奪王爵，改謚謬醜，這個謚號確實才適合他。

岳飛由於是被秦檜害死在獄中，沒有獲得正當的追贈和謚號，直到宋孝宗繼位後才追復官職，累贈至太師，謚武穆，後改謚忠武，追封鄂王，明朝又追贈「三界伏魔大帝忠孝妙法天尊岳聖帝君」，但習慣上仍稱岳武穆。岳雲追贈安遠軍承宣使，張憲追贈寧遠軍承宣使，明朝又追贈烈文侯。宋孝宗隆重安葬了岳飛等人的遺體，地址在今杭州市西湖邊的棲霞嶺，也就是岳王廟，在湯陰、靖江、朱仙鎮等和岳飛相關的地方也都立有岳王廟。杭州岳王廟中立有岳飛的彩塑，千百年來受到人們的敬祀，岳飛早已超越了他個人，既是建炎名將們的總代表，更成為整個中華民族忠義精神的化身。岳王廟，還有明代民族英雄于謙的祠堂，使這柔美的西湖更添了一份浩然正氣。

秦檜、王氏、張俊、萬俟卨四人的鐵像則長跪於岳王面前，千百年來，每位來參拜岳飛的後人，也不忘向這幾個民族敗類淬上一口。正是：「青山有幸埋忠骨，白鐵無辜鑄佞臣。」

我突然驚訝的發現，除了中國的岳飛，還有法國高盧的聖女貞德、蘇格蘭凱爾特人的威廉華萊士、神聖羅馬帝國日耳曼的華倫斯坦、拜占庭帝國的貝利撒留⋯⋯為何每個民族的英雄都在對外戰爭中讓侵略者聞風喪膽，最終卻要以一種悽慘的方式敗在自己人的手中呢？我不相信所謂的劣根說，這或許也是人類社會進步的必然過程吧。

■ 志大才疏的女真詩人皇帝 ■

紹興和議後，宋金兩國保持了大約二十年的虛假和平，但隨著金帝國一位志大才疏的皇帝登上帝位，這種和平就再也維持不住了。

完顏亮，字元功，女真名迪古乃，金太祖庶長子完顏斡本次子，生於宣和四年（金天輔六年，西元 1122 年），是一位非常優秀的詩人。完顏亮憑藉其卓越才華和深厚表演功底，在金帝國朝廷中突飛猛進，28 歲拜太保，領三省事兼都元帥，年不足而立就位極人臣。而金熙宗其實是父輩爭權的一個妥協產物，權勢並不穩固，他本身也不善於處世，和很多人結仇。野心勃勃的完顏亮趁機連繫了許多與金熙宗有仇的人，於紹興十九年

（金皇統九年，西元 1149 年）在寢殿內弒殺金熙宗，自立為帝。完顏亮崩後諡號煬帝，無廟號，《金史》稱海陵王。

金熙宗時代金帝國已經有明顯漢化傾向，完顏亮篡位後又展開了一場大規模改革，加快了這一程序。完顏亮遷都至中都（今北京市），並以開封府為南京，原中京大定府為北京，將很多東北女真部族強行遷入華北。完顏亮廢除了許多金帝國傳統編制，尤其是改都元帥府為樞密院，收攏軍權，企圖從根本上削弱部族政體的色彩。完顏亮又大量起用漢、契丹、奚、渤海人為官，恢復賜姓完顏者的原姓，將女真貴族的勢力壓制到最低點。這個過程中鎮壓了大量女真貴族，其中包括金太宗、完顏粘罕、完顏兀朮的子孫均以百計，其中包括未死的名將完顏撒離喝。紹興二十五年（金正隆元年，西元 1156 年），完顏亮頒布「正隆官制」，是一套基本仿宋帝國的官制，象徵著金帝國從形式上轉化為一個漢式帝國。當然，這只是從形式上改變而已，金帝國的部落貴族基礎仍在，甚至還存在國內民族不平等，離實質上的漢式帝國尚有很大差距。

據《鶴林玉露》記載，完顏亮讀到柳永的一首〈望海潮〉：

東南形勝，三吳都會，錢塘自古繁華。煙柳畫橋，風簾翠幕，參差十萬人家。雲樹繞堤沙，怒濤卷霜雪，天塹無涯。市列珠璣，戶盈羅綺，競豪奢。

重湖疊巘（一ㄢ ˇ）清佳。有三秋桂子，十里荷花。羌管弄晴，菱歌泛夜，嬉嬉釣叟蓮娃。千騎擁高牙，乘醉聽簫鼓，吟

第四篇　以金人秋淚償靖康之恥

賞煙霞。異日圖將好景，歸去鳳池誇。

完顏亮讀後心曠神怡，當即對江南產生了極大嚮往，立志納入自己的版圖，和詩一首以明志：

萬里車書盡混同，東南豈有別疆封。

提兵百萬西湖上，立刻吳山第一峰。

當然，這應該是文人演義式的想像，撕毀和約開戰可不是這麼簡單的事情，但已經深度漢化而且志向高遠的完顏亮始終夢想一統南北卻是不爭的事實。正隆官制形成後，完顏亮致力於戰備，從紹興二十九年起，違背和約，關閉榷場，將 25 － 50 歲的男丁全部簽發入軍，預徵五年稅賦，又大興徭役，各族人民苦不堪言。自金帝國南侵以來，漢、契丹等族人民的起義就始終不斷，到此時更是達到高潮。完顏亮一邊鎮壓這些起義，一邊繼續籌備侵宋。金人對宋作戰最大的優勢在於機動騎兵，但江南潮熱，極不適宜北方人馬作戰，於是完顏亮又大造船艦，並在鎮壓起義的戰鬥中試練水軍。

紹興三十一年（金正隆六年，西元 1161 年）中秋，完顏亮在賞月時久候明月不見，脾氣大發，作〈鵲橋仙〉一首：

停杯不舉，停歌不發，等候銀蟾出海。不知何處片雲來，做許大，通天障礙。

虯髯捻斷，星眸睜裂，唯恨劍鋒不快。一揮截斷紫雲腰，仔細看，嫦娥體態。

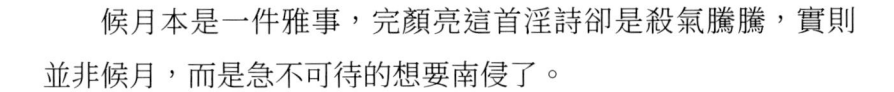

候月本是一件雅事，完顏亮這首淫詩卻是殺氣騰騰，實則並非候月，而是急不可待的想要南侵了。

■ 唐島海戰：海戰史上的經典名著 ■

九月，完顏亮正式侵宋，兵分四路南下。西路以河中尹徒單合喜為西蜀道行營兵馬都統制，平陽尹張中彥副之，由鳳翔取大散關；中路以太原尹劉萼為漢南道行營兵馬都統制，濟南尹僕散烏者（漢名忠義）副之，取蔡州（今河南省汝南縣）；東路主力由完顏亮親自率領，以太保、樞密使完顏昂和尚書左丞紇石烈良弼為左右領軍大都督，武勝、武平、武捷三軍為前鋒，進取壽春；海路以工部尚書蘇保衡為浙東道水軍都統制，益都尹完顏鄭家奴副之，率海軍從膠州灣出航，直取杭州灣。總兵力號稱百萬，史書記載實有六十萬，估計正兵有十餘萬。

面對金軍規模空前的攻勢，宋廷其實早有準備，趁機罷免了秦檜餘黨左僕射湯思退，全力備戰。宋軍許多老將又重新被推上前線，以少保吳璘為四川宣撫使，主防金西路軍；以慶遠軍節度使成閔為京西、河北西路招討使，主防金中路軍；以太尉劉錡為京東、河北東路招討使，主防金東路軍主力。當年在北方打著岳飛旗號抗金的義士李寶，現已官至浙西路馬步軍副總管，受命率海軍禦敵。

秦嶺－淮河是一道天然的南北分界線，雙方要想突破都非

易事。西線吳璘雖老，但威名尚在，他坐著轎子上殺金坪指揮，金軍無法推進。金中路軍進抵武昌，雖首戰告捷，但吳玠之子吳拱率兵來援，死戰擊退金軍，李顯忠也率騎兵在淮西痛擊金將小韓將軍。而劉錡仍是金軍最忌憚的對手，完顏亮下令不准在軍中提劉錡的名字。戰前分配作戰計劃，完顏亮列舉宋將姓名，問誰願去應對，每名宋將都有金將響亮回答，唯獨唸到劉錡時無人應答。完顏亮只好說：「那我自己去對付他。」雙方主力完顏亮和劉錡在淮河揚州兩岸囤積重兵對峙，均連綿數十里，宋軍「望之如錦繡」，金軍「不斷如銀壁」，相信這陣勢已經讓完顏亮這種文學青年得到了極大滿足。劉錡先遣潛水員鑿沉金軍糧船，完顏亮大怒，遣萬戶高景山渡江來攻，結果高景山中伏大敗身死，東路也暫時僵持。

　　三路陸軍均陷入僵持，海軍也展開爭奪。金軍正式南侵前夕，宿遷人魏勝率忠義民兵反金，占領海州（今江蘇省連雲港），但也遭到金軍圍攻。李寶立即向高宗請求率艦隊赴援，獲准。但此時秋季西北風盛行，部將認為不利作戰，李寶下令再出言沮喪士氣者斬！出海後果然遇到惡劣風浪，李寶環顧左右，慷慨陳詞：「上天以此試李寶嗎？我心如鐵石，不會再變！」李寶酹酒自誓，海風很快停止。第二天，被吹散的戰船重新集結，繼續出發，風浪又起，宋軍冒著「海濤如山」，艱難航行至海州東南的東海縣登陸。登陸後李寶以劍畫地道：「此處已是敵境，大家必奮力死戰！」然後挺槊猛衝，士卒無不以一當百，金軍潰

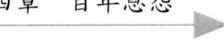

散而去。李寶入城後安撫魏勝等人，加以官職，讓他們等候官軍，自率艦隊向北直取膠州灣，準備將金帝國海軍全殲在北方海域！

李寶的艦隊有戰船120餘艘，總兵力不詳，《宋史》稱李寶只帶了三千弓箭手，沒有正兵，這似乎又過於誇張。而金軍則有戰船600餘艘，水手7萬餘人，無疑兵力要龐大得多。但金軍無論造船技術還是遠端武器都遠遠不如宋軍，所以實則宋軍並不處於下風。十月下旬宋軍航行至石臼島（今山東省日照市附近）海域，遇到數百名前來投誠的大漢軍。大漢軍是金軍中的漢族簽軍，他們告訴李寶金軍艦隊剛剛駛出基地，目前大約在離石臼島僅8海浬（約15公里）的唐島海域。

裨將曹洋請立即進攻金軍艦隊，但很多人認為敵眾我寡，而且風向不利，應該避走，另尋戰機。曹洋堅持認為金軍不習水戰，而且士卒多為北方人，不習慣海船，多匍匐在船艙中，宋軍遠道而來，必須逆襲取勝。李寶也認為正是絕佳戰機，立即率軍前往追趕，果然捕捉到金軍艦隊。金軍認為現在遠在北方海域，不太可能有戰事，大多窩在船艙裡睡覺，完全未料到宋軍會遠航奔襲至此。

十月二十七日清晨，海面上颳起南風，宋軍利用風向和海船的效能優勢發起突襲。金軍倉促張帆迎戰。這正中宋軍下懷，金艦多用油布作帆，而宋軍火箭不僅箭頭燃火，尾部也採用火藥驅動，射程極遠，順風射去，引燃許多金艦。金軍不熟海戰，亂

第四篇 以金人秋淚償靖康之恥

成一團。李寶從容指揮宋艦推進，進入遠射程後用大砲、床弩等重型武器攻擊。這些重武器由於過於龐大，陸軍使用極不方便，但用於艦載則非常合適。而且此次宋軍可能使用了霹靂炮和火箭炮，是世界上最早的火藥驅動重武器，是真正的「炮」而不再是「砲」。在遠射程用重武器打擊金軍後，宋軍繼續推進至中距離射程，用神臂弓、克敵弓向金艦進行地毯式射擊，混亂中金軍士卒傷亡慘重。推進至近距離宋軍又使用一種新式武器「猛油火櫃」，這是一種利用石油為燃料，極其恐怖的巨型噴火器，可以噴出長長的火舌攻擊目標，非常適用於木船時代的海戰。加上已經被大量引燃的風帆，金軍艦隊陷入一片火海。宋艦發揮體積龐大、裝甲堅實、動力強勁的優勢，利用南風猛衝金軍艦隊，撞沉不少金艦，將金軍艦隊的隊形徹底打亂。李寶指揮宋艦接舷，宋軍將士猛衝上金艦，展開白刃戰。金軍慘遭全殲，艦隊副司令完顏鄭家奴陣亡，司令蘇保衡僅以身免。

此戰，金帝國海軍剛剛駛出基地就被全殲，宋軍已完全掌握制海權，可以自由出入南北海域。雖然金軍陸軍勢大，但並無明顯優勢，整體戰略局面已經落入下風，完顏亮的失敗實則已成定局。

唐島之戰無疑應該是光照史冊的一場經典海戰，李寶以明顯劣勢的兵力，海上奔襲千里，在敵方海域內全殲敵方艦隊，無愧名列海軍史上的一流名將。但令人非常疑惑的是，李寶此人在歷史上毫無名氣，民間也毫無傳頌。須知李寶在戰後被授

予靜海軍節度使、沿海制置使，後升任御前水軍都統制（海軍總司令），卒後贈檢校少保。而高宗御筆題寫「忠勇李寶」做為軍旗，這可是和岳飛、韓世忠同等級的待遇，這樣一位重要人物到現代卻不為人知，實在令人費解。

而唐島之戰除了其本身在當時的戰略意義，在人類海戰史上也占有重要地位，是第一次將火器運用於大規模海戰。在此之前水軍主要用於內河防禦，海軍也只是陸軍的補充，用於跨海運兵和在敵後登陸包抄。此戰後海軍成為一個獨立的主戰兵種，在戰爭中占據更加重要的地位。南宋開啟了人類的大航海時代，宋人放棄了從陸上打通東西方貿易路線的努力，開闢印度洋航線，這也是大海戰有力促進造船技術的結果。但南宋由於整體局勢的衰敗，空有先進的海洋工程技術已經無用，而明朝藉助更加強大的國勢，同時以無敵的海軍和強大的海上貿易招撫世界，使寰球人類無不臣服，造就了中國人歷史上最偉大的海洋時代。進入海洋時代後，人工製造的船舶成為更重要的軍事裝備，即將取代生物馬匹的地位，游牧民族的軍事優勢行將結束。遺憾的是後來的閉關鎖國卻使中國人淡忘了那片曾經屬於我們的碧海，以為自己只是一個封閉的內陸民族，這或許正是李寶漸漸不為人知的原因吧。

正是：

怒海藍濤，鹹水透旗，惡風欲試忠心。萬里海疆不畏險，舵指向，敵虜未停。

第四篇　以金人秋淚償靖康之恥

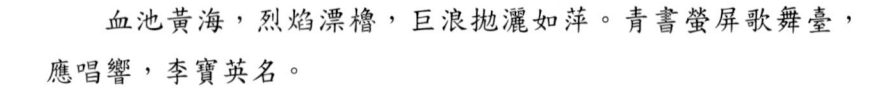

血池黃海，烈焰漂櫓，巨浪拋灑如萍。青書螢屏歌舞臺，應唱響，李寶英名。

■ 採石磯：白馬書生保家衛國 ■

完顏亮在金國本來就不得人心，他透支國力進行的南侵更是一場高危活動。如果獲勝，可以一舉奠定他的英雄地位，而一旦不利，則帝位難保。果然，完顏亮出兵不久，紹興三十一年十月，完顏訛里朵之子、時任東京留守曹國公完顏烏祿（漢名褒，即位後改為雍）在遼陽府被擁立為帝，降完顏亮為海陵郡王。完顏雍即為金世宗，改元大定，追贈其父完顏訛里朵為金睿宗。

得到金世宗即位的消息，完顏亮大吃一驚。嚴格的說金世宗現在控制的地區主要是關外，中原等漢區仍在完顏亮控制下，他帶出來的物資也還夠支撐一段時間，如果盡快滅宋，他還有翻身的機會。於是完顏亮這位文學青年心智激憤，下令各軍不顧一切奮力猛攻。

63歲的劉錡做為主力一路的主帥，拖著嚴重的病體（次年即病卒），親臨前線對抗完顏亮大軍。劉錡派前軍統制王權駐守廬州作第一道防線，但王權聽說完顏亮勢大，不敢接戰，退保和州，武功大夫、御前破敵軍統制姚興僅率三千軍駐守。完顏亮派統軍使蕭琦率十萬大軍強攻，姚興壯烈犧牲，後贈容州觀

第四章　百年恩怨

察使，立忠義廟。劉錡又派右軍統制王剛試圖重新奪回淮河防線，但被蕭琦殺敗。朝廷發出金字牌令劉錡退保長江防線，劉錡退兵至瓜洲（今江蘇省邗（ㄏㄢˊ）江縣瓜洲鎮，京杭大運河入長江處），每日與金軍苦戰，又像順昌之戰一樣，將妻兒搬到瓜洲，誓與將士們共存亡！

如果金軍渡過長江，臨安就非常危險，宋高宗問，是不是又需要避入海中？左僕射陳康伯及太傅、和義郡王楊存中帶頭反對，並要求高宗親征。高宗見面對強敵，宋廷第一次這麼團結，非常高興。其實當時高宗已經宣布禪位，但暫且擱置，下詔親征，率禁衛軍出戰，並遣知樞密院事葉義問到前線督戰，中書舍人、直學士院虞允文為參謀軍事。侍衛步軍司左軍統制邵宏淵率先進駐真州（今江蘇省儀徵市），但被發狂的金軍打敗，王權聽說後又放棄和州，退保採石。而金軍在陝西、襄陽兩路皆進展不利，完顏亮將大軍齊集採石渡口，要求與高宗決鬥。誠然，宋高宗也在文藝史上占有重要地位，但經過靖康之難的磨礪、當了三十幾年皇帝的他，顯然不能與憤怒的文學青年完顏亮等量齊觀，亮亮這一次真的是找錯了對象。

葉義問來到劉錡軍前，這位毫無軍事常識的「兔園樞密」強行要求劉錡派兵渡江拒戰，劉錡之姪劉汜為了避免劉錡背上抗命之罪，率軍渡江，結果大敗而回，瓜洲丟失，採石成為一個孤軍戰場。宋廷下詔以成閔代替已經病倒的劉錡，罷免王權的職務，由李顯忠代替，並遣虞允文到採石交接此事順便犒軍。

第四篇　以金人秋淚償靖康之恥

然而戲劇性的一幕發生了：當虞允文帶著犒軍款來到採石的王權軍中時，王權已經離任，但李顯忠還沒有到，對岸的完顏亮正在咆哮著渡江，宋軍士卒們卻散亂的坐在路邊，軍紀士氣全無。危急時刻，一介書生虞允文該如何選擇？

儒家並不怕死，不過留下惡名就很可怕了。永樂城的書生徐禧越權指揮軍隊釀成大禍，留下惡名，虞允文也要承擔這個風險。但在國家民族的安危面前，個人榮辱又算什麼？虞允文毅然決定，代表樞密院指揮這支 1.8 萬毫無士氣的敗軍抵抗完顏亮發狂的 60 萬大軍！虞允文迅速重新組織宋軍，發出 900 萬緡鉅款犒軍，並大展口才激勵士氣，告訴大家名將李顯忠就要來接管該軍了，現在由他暫時主持軍務。宋軍錢一到手立即恢復了士氣，紛紛大呼：「我們有主帥了，願為虞舍人一戰！」。

決戰前夜，完顏亮拜謁江北的西楚霸王祠，感嘆道：「這樣的英雄不得天下，太可惜了！」他暗自喻為楚霸王，實不知是要過江東還是鐵了心不過江東的意思。次日，完顏亮在江北築壇祭天，下令渡江。副都督烏延蒲盧渾說：「宋軍船大，我軍舟小而慢，恐怕過不去。」完顏亮怒道：「當年我隨梁王（完顏兀朮的贈號）追趙構入海時，難道都是用大船嗎！明天你和完顏昂先渡江！」烏延蒲盧渾被嚇得想逃跑，幸好傍晚完顏亮冷靜下來，通知他不用先渡江了。

虞允文也在緊急組織水陸軍禦敵，有些水軍不賣力，虞允文召集民兵到海鰍船上去踏槳，安排諸軍在各處埋伏，制定了

第四章　百年恩怨

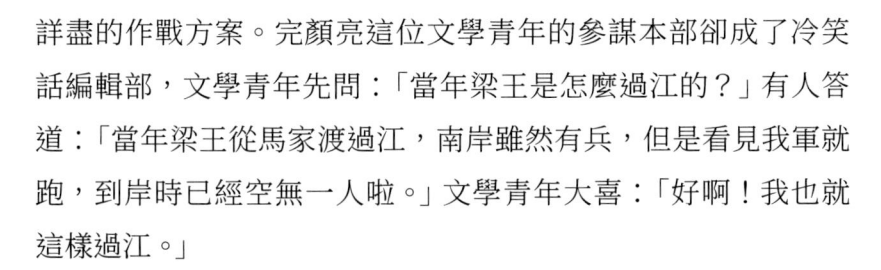

詳盡的作戰方案。完顏亮這位文學青年的參謀本部卻成了冷笑話編輯部，文學青年先問：「當年梁王是怎麼過江的？」有人答道：「當年梁王從馬家渡過江，南岸雖然有兵，但是看見我軍就跑，到岸時已經空無一人啦。」文學青年大喜：「好啊！我也就這樣過江。」

第二天，決戰開始。據宋軍諜報，金軍實有兵 40 萬，馬 40 萬，先渡江者賞金一兩。文學青年率領親衛隊紫茸細軍，身穿金甲，踞坐高臺，操小紅旗，指揮金軍數百艘戰艦浩浩蕩蕩向南岸開去。南岸當塗縣很多百姓登山觀戰，青年大奇：「我放舟過江，他們怎麼不逃呢？」還沒等他理清這個邏輯，金軍前鋒七十餘艘船已經靠岸，金軍登陸後宋軍陣形小退。但千萬不要以為這是宋軍敗了，這恰恰是兵法所謂半渡而擊之，宋軍在放金軍半渡。當年徐禧是宋襄公的崇拜者，虞允文可沒這麼傻。待金軍差不多半渡，虞大人發揮口才，宋軍熱血澎湃，在統制官時俊的帶領下向登陸的金軍奮勇衝去，金軍未及列陣，死傷無數。埋伏在港汊中的水軍也紛紛殺出，用巨大快速的海鰍船猛衝金軍小船。金軍紛紛站在船頭向宋艦射箭，如同蚊子叮大象，而宋艦上的霹靂炮一響，金艦就被炸得粉碎。宋軍將金軍艦隊衝作兩段，水陸互不相顧，紛紛敗逃回北岸。有一些金艦在戰鬥中失去控制，漂到下游。王德之子中軍水軍統制王琪在採石下游數里的薛家灣設伏，將漂下來的金軍全殲。

文學青年在北岸看了暴跳如雷，遣親軍到岸邊，將不肯過

江和逃回來的金兵敲殺。金軍進退不得,只好到江中繼續廝殺,憑藉巨大的人數優勢,激戰了一整天。這時恰逢有一支宋軍從光州(今河南省潢川縣)敗退下來,虞允文趕緊叫住他們,授予旗鼓,從金軍後方鼓譟而出。金軍以為對方援軍到了,終於徹底崩潰,四散逃遁,宋軍趁勢以勁弩追擊。除大量墜江者外,金軍遺屍四千餘,兩名萬戶被殺,五名千戶和五百餘生女真戰士被俘。

大勝後虞允文非常清醒,他認為金軍還會趁夜前來,令諸將在上游楊林河口設伏。半夜金軍果然偷渡,宋軍前後夾擊,焚毀金艦三百餘艘,甚至靠近北岸用神臂弓射殺不少岸上的金兵。完顏亮暴跳如雷,斬殺教他過江的宦官梁漢臣和兩名造船的官員,又帶兵前往瓜洲。

這時李顯忠才趕到採石,他立即率領萬餘精銳渡江,奮戰金軍精銳射鵰軍,統制韋永壽戰歿,擊敗射鵰軍,盡復淮西州縣。虞允文見完顏亮去了瓜洲,從李顯忠軍中分走1.6萬兵趕到京口,楊存中、成閔、邵宏淵等軍都已聚集京口,有20萬眾,但大船較少。完顏亮在北岸瓜洲屯集重兵,準備孤注一擲。虞允文、楊存中親自臨江指揮,讓戰士踏車船在江中迴旋如飛。金軍在北岸看到如此強勁快捷的海船,無不驚駭。唯獨文學青年輕輕一笑:「紙船而已。」諸將知道再這樣下去大家都要被他玩死,有一將跪請退保揚州,徐圖進取。青年大怒,欲斬之,眾人哀求許久,杖責50免死。緊接著,各條戰線的敗報紛紛傳

來，海路李寶在膠州海域全殲金海軍，現已全軍返回，隨時可能溯長江至京口會戰；西路吳璘痛擊金軍，收復大量陝西州縣；中路吳拱也大敗金軍，正準備順江東下。完顏亮的精神已經徹底爆炸，喪心病狂的他居然下令全軍必須在三日內渡江，否則全部殺光！金軍諸將都知道這是絕對不可能的事情，渡江只能送死，金世宗已經即位，於是密議殺完顏亮退兵。

十一月二十七日，浙西兵馬都統耶律元宜等闖入完顏亮寢帳，合力將其縊死，一代文學青年香銷玉殞。耶律元宜等立即燒毀完顏亮屍體，誅殺主戰派人士，向宋廷請和，率軍北返，向金世宗投誠。完顏亮豪氣萬千的「正隆南伐」以全面失敗告終，這位文才頗高的女真皇帝最終被定性為志大才疏，他那些激昂文字都成為歷史的笑柄。

而虞允文這位書生，臨危受命，擊敗金軍孤注一擲的猛攻，為國家民族立下奇功，後人曾譽之「偉哉虞公，千古一人！」當然，有些人認為虞允文拯救了南宋朝廷，如果不是他的話，讓完顏亮渡過採石，南宋很可能滅亡。這種觀點又過於誇張了，當時金軍已全面潰敗，完顏亮強行渡江完全是喪心病狂，如果真的全軍渡江，必然會遭到宋軍合圍，一個都回不去，耶律元宜等人的弒君行為其實為金國極大的儲存了再生力量。但無論如何，虞允文的光輝功績已經永垂史冊，成為南宋最光彩奪目的一位文人帶兵典範。

第四篇　以金人秋淚償靖康之恥

■ 南望王師又一年 ■

完顏亮敗後，金世宗和南宋一邊小打小鬧一邊議和，川陝戰場上宋軍比較占優，吳璘收復了不少陝西故土，但江淮戰線互有勝負。

六月，55歲的宋高宗正式禪位於皇太子趙昚（ㄕㄣˋ），即為宋孝宗。高宗及其皇后稱太上皇帝、太上皇后，居住於德壽宮。年輕的孝宗專注恢復大業，啟用被貶黜多年的張浚為少傅、江淮宣撫使、魏國公，將李顯忠部劃歸他指揮。又平反趙鼎、岳飛等人的冤獄，追復原官，以禮改葬，起復當年因主張斬秦檜而被排擠的胡銓。主戰派頓時揚眉吐氣，尤其是65歲的張浚，他年輕時雖曾率領中興諸將力挽狂瀾，但也在富平之戰一潰千里，將宋軍家底丟光。之後他組織的北伐也以失敗告終，自己也因此下野，二十年來被貶在地方，現在得到了重新證明自己的機會，張浚的心情肯定不能平靜。

但就反擊的具體問題宋廷又一次產生了重大分歧，首相史浩雖然為主戰派平反，卻並不同意他們主動出擊而要趁勢求和，以待時機。而就與金人談判的主要目標，宋高宗認為伯姪名分不是最重要的，重要的是收復國土，尤其是河南的祖宗寢陵之地；虞允文、張浚等人則認為正名分更重要。宋廷始終沒有通過北伐的決議，而金世宗已經迅速穩定了國內局勢，尤其是藉助去漢化運動激發了女真民族的凝聚力，金帝國雖然剛遭

第四章　百年恩怨

逢正隆慘敗，但其實正處於一個上升趨勢。

隆興元年（金大定三年，西元1063年）五月，在張浚等將的一再挑唆下，宋孝宗決定趕在秋季氣候對金軍有利之前，繞過三省、樞密院，直接調主戰將領北伐，史稱「隆興北伐」。

宋孝宗遷張浚為樞密使，以主管殿前司公事李顯忠為淮西招討使，出濠州取靈壁；建康都統邵宏淵為副使，出泗州取虹縣，總兵力6至8萬。靈壁、虹縣在今安徽省北部，張浚的設想是從東南方向會攻宿州，再利用李顯忠在陝西的聲望招徠陝西忠勇人士，配合川軍夾擊開封。然而金世宗早已令左副元帥紇石烈志寧坐鎮商丘指揮全軍，以右翼都統蕭琦守靈壁，知泗州蒲察徒穆、同知大周仁守虹縣。隨後又派尚書左丞、都元帥僕散烏者坐鎮開封，負責總排程，準備非常充分。

蕭琦本來約定好向李顯忠投降，又突然反悔，以柺子馬來拒。李顯忠大怒，身先士卒，猛衝敵陣，蕭琦潰敗後又背城列陣，李顯忠再次衝開他的大陣，蕭琦敗逃。李顯忠進駐靈壁後四方人士紛紛前來歸附，蕭琦不久後也歸降，封威塞軍節度使，不排除他是當作內應故意先打一場大敗仗。邵宏淵在虹縣卻陷入苦戰，金將蒲察徒穆是金帝國史上最著名的鐵浮屠主將之一，勇不可擋，而渤海貴戚大周仁則是金軍中少有的智將，二人配合，苦苦支撐。李顯忠派靈壁降卒到虹縣城下招降，金軍終於納降。蒲察徒穆封大同軍節度使，大周仁封彰國軍節度使，李、邵兩軍順利會師宿州。但邵宏淵卻非常羞於自己未能

第四篇　以金人秋淚償靖康之恥

攻克虹縣，是靠了李顯忠幫忙，留下了心結。又有一個投降過來的金軍千戶投訴邵宏淵的兵奪了他的佩刀，李顯忠立即處斬，兩將矛盾更深。

六月，宋軍出發宿州，金軍出城來拒，李顯忠迎頭痛擊，大敗金軍，斬首數千，陣斬金軍左翼都統（很大的官，可惜不知名）。李顯忠下令全軍休息，準備圍攻宿州，但邵宏淵不聽，要求立即攻城。李顯忠只好攻城，統制楊椿奮勇先登，開啟北門，宋軍一擁而入，又斬首數千，俘獲無數，攻占宿州。宿州是金國戰略要地，囤積大量物資，其中金銀以萬計，均被宋軍繳獲，天下震動。宋孝宗手書「近日邊報，中外鼓舞，十年來無此克捷。」晉封李顯忠開府儀同三司，妻周氏為國夫人，邵宏淵為檢校少保、寧遠軍節度使。但邵宏淵請以繳獲的物資犒勞士卒，被李顯忠拒絕，又據說李顯忠給自己的親軍賞賜很豐厚，更加引起邵宏淵忌恨。

宿州被克，金軍急忙調集大軍來攻。左副元帥紇石烈志寧率萬餘騎急速趕到，被李顯忠用克敵弓射退。右副元帥孛撒率步騎十餘萬從開封趕來，在城下列大陣求戰。李顯忠親自率軍出陣，兩軍激戰數十合，傷亡都很慘重。宋軍統制李福、統領李保略有退卻，被李顯忠處斬，宋軍鼓足血氣奮戰，金軍終於不支敗逃。連邵宏淵也不得不讚道：「招撫真關西將軍也！」數十年後，陝西軍的光榮似乎還在延續。

但金軍的援軍還在源源不斷的開來，當時夏季雨多，金軍

的膠質弓弦很受影響，但僕散烏者早在開封倉庫儲備了上萬張良弓，此時送到紇石烈志寧軍中，得以對宿州繼續保持攻勢。李顯忠苦苦支撐，但邵宏淵一直很不配合，這一段戰鬥史料記載有較大出入。《宋史》稱李顯忠殺金軍萬戶、千戶等五千餘人，但邵宏淵拒絕出兵，還多次口出沮言，最後邵軍全部逃散，李顯忠仍竭力捍禦，金兵「積屍與羊馬牆平」。金兵一度衝上城頭，李顯忠親自執斧將其擊退，但最終勢孤力窮，長嘆道：「天未欲平中原耶？何阻撓若此！」全軍退回符離，回程遭到金軍邀擊，被殺四千餘人，丟失鋼甲三萬餘副。而《金史》則稱紇石烈志寧以計誘李顯忠出城，將其擊敗，其麾下統制常吉投降金軍，透露了李顯忠的虛實，於是第二天金軍又大敗李顯忠。但這個出入其實並不重要，因為結果是一樣的：宋軍潰敗至符離，隆興北伐草草收場。

不過金軍也不敢追擊，而是趁勢議和，議定宋金二帝改伯姪為叔姪關係，奉還宋欽宗梓宮，歲幣由25萬降為20萬，但宋廷歸還攻占的唐、鄧、海、泗四州，史稱《隆興和議》。這次和議是宋金之間相對比較有效的協議，雙方在此後保持了大約四十年無重大戰事，而宋金其他和議信用度都很差。

隆興北伐由於是宋孝宗違背工作程序引起的，同樣的錯誤一百多年前宋太宗也犯過，而且保證不敢再犯，宋孝宗只得下罪己詔。李顯忠被降級處理，淡出宋軍指揮體系。而張浚在遭到人生第二次重大打擊後終於信心崩潰，於八月病卒，享年67

第四篇　以金人秋淚償靖康之恥

歲，累贈至太師，諡忠獻。張浚是南宋初年的主戰派領袖，提拔了吳玠、虞允文等一大批文武大才，成為抗戰的核心，但本人卻難免有志大才疏之嫌，富平、符離之潰相當程度上都是他個人指揮全域性的能力太差而痛失好局，他死前遺囑羞於配享廟庭，葬於衡山下足矣。

隆興和議後孝宗不忘報仇雪恨，與虞允文商定恢復之策，吳璘薨後宋廷以虞允文為少保、武安軍節度使、四川宣撫使、雍國公。孝宗與他約定做好準備後幾路北伐，中途孝宗又按捺不住，密詔進軍。虞允文認為還沒準備好，不能倉促，孝宗很不高興。淳熙元年（西元1174年），虞允文薨，享年64歲，贈太傅，諡忠肅。之後孝宗也不再輕易談及開戰，宋金進入相對和平時期。北方淪陷區的人民苦候官軍前來解救，結果這麼好的機會又被浪費，陸游喪氣的寫下這首〈秋夜將曉出籬門迎涼有感〉：

三萬里河東入海，五千仞嶽上摩天。

遺民淚盡胡塵裡，南望王師又一年。

■ 皇帝不孝被彈劾，宰相飛頭去和戎 ■

在宋朝的行政體制中，大臣不賢會被彈劾，那皇帝不賢該怎麼辦呢？首先可以下罪己詔，嚴重的話也應該讓他退位。當

第四章　百年恩怨

然皇帝受到的監督比任何人都多，機會成本又太高，所以他們特別謹慎，這種情況非常罕見。宋徽宗其實很有資格被推翻，但他搶在被人推翻之前就主動退位，失去了一次示範的機會。但是沒有關係，南宋還有一位皇帝將向大家躬身示範：皇帝犯了錯，是怎麼被彈劾下臺的。

淳熙十六年（金大定二十九年，西元 1189 年），年過六旬的宋孝宗禪位於第三子趙惇，即為宋光宗。光宗即位時已經 43 歲，當了近 20 年太子，表面上一直恪守孝道，鬍子都等白了，多次催促後終於等到禪位。光宗皇后李氏是一位悍婦，與公婆關係不好，經常挑撥父子關係。紹熙五年（西元 1194 年），孝宗病重，光宗也不去探病。中國人自古以忠孝為大節，皇帝做為天下的表率，卻不忠不孝，這未免令人擔憂。但群臣的擔憂又很快轉變為憤怒，光宗不但拒絕向父皇請安，還和向他進諫的大臣們公開爭吵，這當然很快就會演變為舌戰群儒。六月，孝宗感覺自己大限將至，哀求左右讓他見兒子最後一面。首相留正率宰執和皇子嘉王趙擴懇求光宗前往探病，光宗仍不肯。留正拉住光宗衣襟泣道：「病勢已危，再不見就見不著了！」光宗怒而要他們滾出門去，群臣真的全部走出城門。所幸知閤門事韓侂冑從中調停，說只是讓你們出殿門，不是城門，群臣才各自回家。

六月九日，宋孝宗駕崩，享年 67 歲，在皇帝位 26 年，在太上皇帝位 5 年。駕崩當夜，身邊的宦官不敢去向光宗報喪，

第四篇　以金人秋淚償靖康之恥

猶豫再三，跑到知樞密院事趙汝愚的私宅報喪，第二天上朝趙汝愚才向光宗報喪。老人死了，不能給親兒子報喪，卻透過別人轉告，這本已令人氣憤，更令人氣憤的是，親兒子居然拒絕為父親出喪！這已經超出了人的底線，朝野大譁，甚至傳言有些邊防駐軍準備投降金國。再不將這個皇帝彈劾掉，局面將無法收拾，於是一場廢黜宋光宗的「密謀」就公然展開。但在這個緊要關頭，首相留正卻沒有負起責任，半夜坐轎子跑了！趙汝愚、韓侂冑緊急挑起重擔，連繫吳太皇太后（宋高宗皇后）、主管殿前司公事郭杲，準備在出喪時改立嘉王為帝。

出喪當天，光宗果然沒有到場，群臣奏請嘉王趙擴即位，太皇太后批准。嘉王本人也沒有準備，開始不願意，但在太皇太后和韓侂冑的強制下登上帝位，即為宋寧宗。宋光宗「升」為太上皇，六年後，不知道在什麼心情中駕崩。

「紹熙內禪」向我們很好的展示了在宋朝的政治體系中，一個皇帝犯了錯誤，應該怎麼處理。漢朝的大司馬將軍霍光廢黜昌邑王（劉賀）的故事看起來很類似，但其實不一樣。昌邑王只是個當了 27 天皇帝的小孩，根本沒有掌權，被權臣廢黜有政治鬥爭的內涵。至於霍光說他在位 27 天就作了 1,127 件荒唐事，明眼人一看就知道是什麼意思。而宋光宗則是一個地位非常穩固的宋朝皇帝，沒有權臣威脅皇權，他本人做得也不錯，不但經濟持續增長，在對金帝國的外交中也漸漸取得優勢，他被推翻確實是因為不守孝道而不適合繼續當皇帝。

寧宗繼位後，功勞最大的趙汝愚自然成為首相。趙汝愚是道學家的領袖，典型特徵就是正直得迂闊。他認為這次推翻光宗是理所當然，大家沒有必要邀功，引起許多人不滿，這些人自然聚集在了韓侂冑周圍。韓侂冑是韓琦的曾孫，母親是吳太皇太后的妹妹，老婆是其姪女，自己的姪女又嫁給宋寧宗，堪稱宋朝最強外戚，他在紹熙內禪中，連繫內宮尤其是太皇太后，確實居功至偉，想得到節度使之封，但趙汝愚對他說：「你是外戚，何必貪功呢？」只給了個宜州觀察使。不知趙汝愚是否忘了，韓侂冑是外戚，而他是宗室。他不是碰巧姓趙，而確實是宋太宗皇子楚王趙元佐的後代，雖然和現任皇帝早就出了五服，但畢竟也算宗室。宋朝祖訓不贊成宗室為官，整個宋代，確實也就只有趙汝愚一個宗室成員當了宰相。這主要是因為趙汝愚出了五服，最初大家沒把他當作宗室，而他自身正直又有才華，理所當然的成為宰執。但現在如果要針對他，宗室身分就可以成為把柄。趙汝愚自己還出了一個昏招：讓臨陣脫逃的笑柄老頭留正復為宰相，韓侂冑、京鏜、趙彥逾等人就從此入手，順利彈劾留正，繼而掌控了御史系統，接下來大力攻擊趙汝愚的宗室身分。

慶元元年（西元1195年）二月，趙汝愚終於頂不住圍攻，以觀文殿大學士出知福州，而韓侂冑如願晉封保寧軍節度使。趙汝愚一倒臺，道學家們就都遭了殃，朱熹、黃裳等紛紛下野。為避免這些人反攻，韓侂冑編造「偽學」之說，將趙汝愚、

朱熹等59人列為「偽學逆黨」，禁止為官，史稱「慶元黨禁」。當時有太學生楊宏中等六人上書為趙汝愚爭辯，並直指韓侂冑是弄權小人，均遭到責罰，被譽為「六君子」。朝中有數十人因進言反對而遭責罰，平民呂祖泰上書請斬韓侂冑、蘇師旦等人，遭杖責。趙汝愚、朱熹分別於慶元二年、六年卒，之後更無人能制韓侂冑，宋朝兩百餘年來形成的良好風氣遭到嚴重破壞。直到慶元六年京鏜卒後，禮部尚書張孝伯進言儒家在中國惹不起，韓侂冑也覺得自己有點過分，放寬黨禁，追復趙汝愚、朱熹官職。

　　韓侂冑的仕途一片順暢，慶元四年封少傅、豫國公。五年封少師、平原郡王。六年進太傅。嘉泰三年（西元1203年）拜太師，並擔任了一個「平章軍國事」的職務。這是以前沒有過的職務，北宋文彥博、呂公著等重臣到了退休年齡，朝廷給一個「同平章軍國重事」的頭銜，可以不按時上下班，但也可自願參與朝議，是個榮譽頭銜。而韓侂冑去掉「同」、「重」二字，成為獨攬常務的實職，實際上是恢復了丞相職務。韓侂冑專權後，北伐中原的言論甚囂塵上。韓侂冑大喜，召集諸將商議開戰，一時引起朝野震動，又有許多人進言不可，其中武學生華岳使用叩閽（普通吏民直接向皇帝申冤）的管道請斬韓侂冑、蘇師旦、周筠以謝天下。但反對的人都遭到韓侂冑貶斥，北伐已成定局。

　　當時的金帝國在金章宗治下，又改變了金世宗阻止漢化的

戰略，重新漢化，前期經濟快速增長，但後期天災頻繁，北方草原上的蒙古部族又紛紛崛起，金帝國的財力捉襟見肘。為應付財政危機，金帝國仿宋制發行了紙幣，結果造成了市場經濟極大混亂。金帝國確實開始進入困難期，讓很多宋人認為是可趁之機，而韓侂冑也需要一場大勝來奠定自己的功業，「開禧北伐」正是發生在這樣的背景之下。

開戰前韓侂冑進行了大量準備，追封岳飛為太師、鄂王，追奪秦檜的官職、贈封，改謚謬醜。這些當然都是大快人心的舉措，一時間北伐取得了全國軍民的廣泛支持。

開禧二年（金泰和六年，西元 1206 年）初，雙方先在川陝邊境試探性接戰。四川長期以來是吳家的地盤，歷經吳玠、吳璘、吳挺三代八十年治理後，「蜀人知有吳氏而不知有朝廷」。但吳挺之子吳曦資歷太淺，吳挺卒時僅官至高州刺史，不可能繼為宣撫使或制置使。但韓侂冑掌權後，吳曦積極巴結，數年累官至興州駐紮御前諸軍都統制、利西路安撫使。雖未能掌控全蜀，但畢竟回到四川帶兵，虛銜也升至武寧軍承宣使、太尉。吳曦積極支持韓侂冑北伐，戰前被升為四川宣撫副使，頭上只剩下一個宣撫使程松。開戰後吳曦最先出兵，進圍抹熟龍堡，但被金將蒲鮮長安擊敗。緊接著宋軍在西和州（今甘肅省西和鎮）設伏大勝，金統軍判官完顏摑剌、木波部長趙彥雄等陣亡，遺憾的是史書上竟沒有記載此戰宋軍主將是誰。但之後吳曦按兵不出，程松發現沒有他的支持根本指揮不動川軍。

第四篇　以金人秋淚償靖康之恥

東、中路也全面開戰。宋軍主帥是殿前司副都指揮使、鎮江都統郭倪，此人愛搖一把題有「三顧頻煩天下計，兩朝開濟老臣心。」的摺扇，常以諸葛亮自居。這位郭倪坐鎮東路，以鎮江武鋒軍統制陳孝慶為前鋒，取泗州、虹縣；以鄂州都統趙淳出中路取河南，皇甫斌副之。本來安排了程松、吳曦做為西路，但吳曦沒有出兵。金帝國方面，以平章政事僕散揆兼左副元帥，在開封設行省，統領諸軍抵禦。

陳孝慶麾下武義大夫畢再遇是岳飛部將畢進之子，武藝極高，可以開2.7石的硬弓，幾乎與岳飛相當，人稱「鐵面黑馬」。開禧北伐時陳孝慶派他率87人的敢死隊快速攻克泗州，北伐首戰告捷。郭倪準備授予他刺史，畢再遇答道：「國家河南八十有一州，今下泗兩城即得一刺史，繼此何以賞之？」堅辭不受。緊接著宋軍各路都取得了初步勝利，韓侂胄、郭倪都非常得意，當時甚至有人認為郭倪真的是諸葛再世。

但事實上金軍準備也很充分，當宋軍的戰線稍微拉長一點，就到了金軍反攻的時機。壽州、唐州等地的金軍先堅守不敗，等北方援軍趕到就將宋軍紛紛擊退。宋軍唯一的亮點只有畢再遇，當宋軍各路敗退時，他率480名騎兵主動要求殿後。郭倪已經傳令陳孝慶全軍撤返，唯有畢再遇慷慨道：「寧死靈壁北門外，不死南門外也！」畢再遇率20名敢死隊員佇立門中，金兵五千騎兵追來，畢再遇揮刀衝入敵陣。金兵看到他的旗號，駭道：「畢將軍來也！」，被追逐三十餘里，主將被畢再遇斬於馬

第四章　百年恩怨

下。當然，480 和 5,000 這兩個數字我們暫且持保留態度。有些故事說畢再遇煮豆灑在地上，吸引金軍戰馬吃食，趁機擊敗金軍。然後畢再遇把羊捆在鼓上，敲了一夜的鼓，趁機撤離。這些故事看似很精彩，但不太可信。畢再遇擊敗追兵後，宋軍大部隊已經安全撤回，畢再遇燒毀靈壁城，也安全撤回，因功升左驍衛將軍。

隨後金軍趁勢發起全面反擊，路線基本上就是逆著宋軍北伐的路線，其中西線還發生了一件非常意外的事情：吳曦叛變了。

吳家在四川經營八十餘年，根深蒂固，但宋朝的社會基礎是不允許分封建國的。異族經常以分封為餌，誘宋臣投降，絕大多數被拒絕，只有張邦昌、劉豫兩個失敗的例子。現在吳曦也想仗著吳家在四川的基礎，試一下分封建國的滋味。開禧三年正月，吳曦獻出宋軍占據陝西境內的四州，向金稱臣，金帝國冊封其為蜀王，將四川劃為他的封建轄領。但事實遠非他想像的那麼簡單，吳曦將陝西四州割讓給金國，百姓們不願降金，紛紛順嘉陵江南下。吳曦派兵驅趕他們回去，其中一位名叫郭靖的義士對弟弟說：「我家世代為王民，自金人犯邊，我兄弟不能以死報國，避難入關，現在還被吳曦所逐，我不忍棄漢家衣冠，願死於此，為趙氏鬼！」於是投江而死。時至宋代，國家公民可以歸藩王管理，但不能當作私有財產轉移。

吳曦派親信扼守住要害，讓四川宣撫使程松知趣的離開，程松真的就跑了！但有一個懦夫並不表示吳曦就可以得逞，一

位管理倉庫的小官：監興州合江贍軍倉楊巨源，在這個時刻站了出來。他首先連繫吳曦任命的偽丞相長史（漢、晉的職務）安丙，調興州中軍統制李好義就在吳曦的宮殿中將其輕鬆誅殺。吳曦本人雖武藝高強，但近衛均不保護他，楊巨源等砍下吳曦首級，軍民歡聲雷動。楊巨源等自發誅殺吳曦之後，朝廷宣布吳曦謀反的詔書才送到。後人論曰：「蜀人知有吳氏而不知有朝廷，一旦曦為叛逆，諸將誅之如取孤豚。」

宋王朝非常信任武將和地方官，可以交付大權，這並不是因為宋朝皇帝的心態好，而是社會進步的必然。在成熟的漢式帝國結構下，國家公民占絕對優勢的四川，哪怕是當了八十年土皇帝的吳氏家族，割據獨立都是沒有任何社會基礎的，吳曦就是一個很好的例子。

四川一路由於吳曦被立即誅殺，沒有造成危害，金軍的反攻也就作罷。東路則進攻較深，僕散揆親率三萬軍攻壽州，河南路統軍使紇石烈子仁率 3 萬軍攻渦口（今安徽省懷遠縣），右副元帥完顏匡率 2.5 萬軍攻唐、鄧，左監軍紇石烈執中率 2 萬軍攻楚州。鎮江副都統畢再遇再次勇擔重責，在楚州以北的六合勇抗金軍。金軍在六合中伏大敗，繼而集結十萬大兵圍攻小城，畢再遇率軍奮力抵抗。《宋史》記載宋軍箭射光了，畢再遇用青羅傘蓋在城頭招搖，吸引金軍射來二十多萬支箭，解了燃眉之急。這似乎是諸葛亮草船借箭的現實版，但小說中諸葛亮用船隊借了一夜才借到十萬支，正史上畢再遇用傘蓋借到二十

第四章　百年恩怨

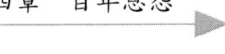

萬,這個數字值得商榷。之後畢再遇升為鎮江都統,在楚州堅守三月之久,金軍損耗無數也無可奈何。不過金軍本意也只是趁勢反擊,提高議和價碼,事實上,金軍主帥僕散揆及其繼任者都元帥完顏宗浩相繼薨於軍中,三易其帥,形勢也不是很有利,於是退兵議和。

但金帝國提出的議和條件中卻有一條恐怕是韓侂冑不能接受的,那就是要用他的腦袋來換回淮北的州縣。當然歷史上也有樊於期自願獻首以助荊軻刺秦王的故事,但韓侂冑顯然不是這種人。大怒之下韓侂冑拒絕議和,繼續作戰。但他賭輸了,如果戰勝,他的威望將如日中天,成為諸葛再世。但戰敗了,等待他的下場就不那麼好了。名相史浩之子、時任禮部侍郎史彌遠連繫和韓侂冑有仇的楊皇后、權主管殿前司公事夏震,趁韓侂冑上朝時,在路上將其棒殺,與金議和。和議拖到兩年後的嘉定元年(金泰和八年,西元1208年)終於達成,史稱《嘉定和議》。

《嘉定和議》的主要內容是宋金兩國由叔姪又改為伯姪關係,歲幣由20萬增為30萬,並立即賠款300萬緡。金國歸還淮北州縣,但宋方也確實開棺割取韓侂冑、蘇師旦首級送到金國,還追復秦檜的贈、諡。和議成後畢再遇屢次上奏辭官,最後以保康軍承宣使免去實職。隆興和議後的一段時間裡,宋軍沒有大的戰事,能力下降很快,在開禧北伐中表現很差,畢再遇堪稱這一個時期的唯一亮點。而和議在當時也引起廣泛爭

議。小校羅日願刺殺史彌遠未成，一位太學生更是寫下「自古和戎有大權，未聞函首可安邊。生靈肝腦空塗地，祖父冤仇共戴天。晁錯已誅終叛漢，於期未遣尚存燕。廟堂自謂萬全策，卻恐防邊未必然。」的詩句，將韓侂冑比做為國捐軀的晁錯和樊於期，但也委婉指出他的失策為國家帶來重大損失。辛棄疾在戰前壯志凌雲的寫道：「看試手，補天裂。」戰後只能留下「元嘉草草，封狼居胥，贏得倉皇北顧」的哀嘆。

關於韓侂冑這個人，當時和後世的評價都很複雜。大部分人認為他以私利挑開戰端，非常不應該，但飛頭求和，又值得嘆惜。金國安葬他的頭顱後謚為「忠謬」，意為「忠於謀國，謬於謀身」。元代所修《宋史》將其列入〈奸臣列傳〉，但周寶珠老師的《簡明宋史》認為這是「歷史上的一大冤案」。周寶珠可能認為他是主戰派，而主和的才會是賣國賊。但這判斷似乎又忽略了另一個問題：韓侂冑專權期間實施過「黨禁」，打擊理學派，嚴重傷害言論自由，完全不符合儒家的治國理念，這才是他被列為奸臣的最重要原因。

金帝國雖然贏得這場大戰的勝利，但金軍表現出來的水準也不高，而更重要的是金帝國已經陷入四戰之地。當初遼帝國很好的帶領了草原上的游牧部族，即使是天祚帝逃到蒙古草原時仍得到蒙古諸部的支持。但金帝國遠遠沒有這個水準，童貫滅遼後短短數十年，草原上的諸多部族已經紛紛成為獨當一面的強大軍事組織。尤其是成吉思汗統一了蒙古諸部，這是一個

比當年鼎盛時期的匈奴、突厥更強大的游牧帝國,進入中原的金帝國將如何面對?而理論基礎深厚的宋帝國遭到開禧北伐的失敗後,連續清理了不孝的皇帝、不忠的藩王、不智的宰相三位典型,開始總結經驗,加強訓練,漸漸恢復了戰鬥力,占據中原這個不倫不類的仿漢式帝國又將如何抉擇?

宋帝國一雪靖康之恥的機會,終於就要來到。

第五章
王師北定中原日，家祭無忘告乃翁

■ 窮途末路的山寨漢式帝國 ■

女真本來只是東北苦寒之地的一個小部落，在徽宗朝弱智決策層的扶植下突然崛起，這個帝國初期的武功極其強盛，名將輩出，政權組織結構上揉合了漁獵部族和漢式帝國的特徵，但很難說是各取其長，相反，弄成了一個不倫不類的山寨漢式帝國。金帝國既有比較完整的漢式帝國行政機構設定，也有都元帥府這種典型的軍事貴族統治機構；既開科舉取士，但朝廷中充斥的始終是少數幾個姓氏的門閥貴族；本來華北的漢民都是沒有封建領主的國家公民，卻被金帝國劃入「猛安謀克」；更重要的是，這個國家內部存在著明顯且難以轉換的階級、民族區分，這和要求全民共屬國家的漢式帝國相去甚遠。雖然歷史上有幾位金帝試圖改革，將金帝國轉化為較為純粹的漢式帝國，但都歸於失敗。而金世宗等「明君」否決了金帝國的漢化趨勢，被譽為「小堯舜」，可能是指他治下的國家文明程度只相當於堯舜時代吧。金帝國的皇位繼承也非常混亂，共有 10 位皇帝，一會兒傳給弟弟，一會兒傳給孫子，還有傳給叔叔的，只

第五章　王師北定中原日，家祭無忘告乃翁

有一個傳給了親兒子，由此引發的內鬥殺戮異常血腥，這在全世界都是非常罕見的。

而金帝國的執政能力之低下也顯而易見，落後的猛安謀克制將北宋的工商業成就打回農耕社會，而更令人稱奇的是：金帝國統治者竟然還要學習宋朝的貨幣金融手段！金帝國效仿宋朝大力發行紙幣，而且只能由國家向市場發行，卻不接受紙幣做為賦稅上交。女真人當然不懂得貨幣銀行學中的乘數效應和金融槓桿理論，他們只知道印出來的紙就可以當錢用，好爽啊！於是金帝國的紙幣「交鈔」向雪片一樣飛出，由於貶值太快，市場上無人願意接受，政府通過強制力首發後就再也不能流通，完全就是廢紙，人稱「宰相印假鈔」。

由於經濟秩序崩潰，再加上近百年的民族壓迫，金國境內的各族人民起義風起雲湧。首先是契丹、唐古等族的颭軍叛變，然後是契丹人耶律留哥在遼東獨立。漢族更是義軍四起，其中楊鞍兒的紅襖軍最為著名，漢民起義都自覺使用紅襖軍旗號。楊鞍兒犧牲後其妹楊妙真嫁給李全繼續鬥爭，嘉定十一年（金宣宗興定二年，西元 1218 年）李全以山東十二郡歸宋，被任命為東京路總管。甚至女真人遼東宣撫使蒲鮮萬奴也在遼東獨立建國，國號大真，不久改名東夏。東夏後來成為蒙古藩屬，金帝國的東北老家丟失。

遼帝國西遷後，繼任者金帝國顯然沒有統合草原諸部的能力，這個自古盛產強大游牧部落的草原如同洪水破閘、虎兕

第四篇 以金人秋淚償靖康之恥

出柙,煥發了壓抑兩百餘年的野性力量。當這種無比獷悍的力量衝向遼闊的華北平原時,即使強大如漢唐帝國,也必須藉助長城才能抵擋。在金帝國之前,還沒有哪個入主中原的其他民族能立足五十年以上,從這個角度來講,金帝國還算相當不錯了。當然,主要的原因還是在於遼帝國兩百餘年的成功壓制,這些部落還沒緩過勁來。當揭開遼帝國這道封印數十年後,蒙古諸部漸漸恢復了上帝之鞭的矯健。沒有財力修建長城,兵力也並不充裕的金帝國該如何防守這片無險可守的廣袤平原呢?

漢民族長期占據華北平原並創造了極其偉大的文明,但這並不表示換成別人來也行。中原,這塊四戰之地,其實並不是誰都玩得起的。

蒙古諸部本來都是金帝國藩屬,但金帝國沒能有效管理,而是任由他們發展壯大並逐步兼併成幾個大部落,到後期已經完全失去控制。開禧二年(金章宗泰和六年,西元1206年),蒙古乞顏部首領鐵木真統一草原諸部,稱成吉思汗,在向西發展的同時還時常南下攻擊金帝國。這時的金帝國,已經和南宋打了一百年的仗,雖然宋軍無法深入中原,但整體來說金軍敗多勝少,損耗相當大。尤其是宣宗朝經常大舉南侵,「士馬折耗十不一存」(《金史》卷一一二)。以這種狀態對付勃興的蒙古是沒有勝算的,而金帝國既修不起長城,野戰也不是對手,應付得非常艱難,甚至將國都遷到開封以避蒙古的兵鋒。

當金帝國衰亡之象顯露,做為世仇,宋帝國該如何決策?

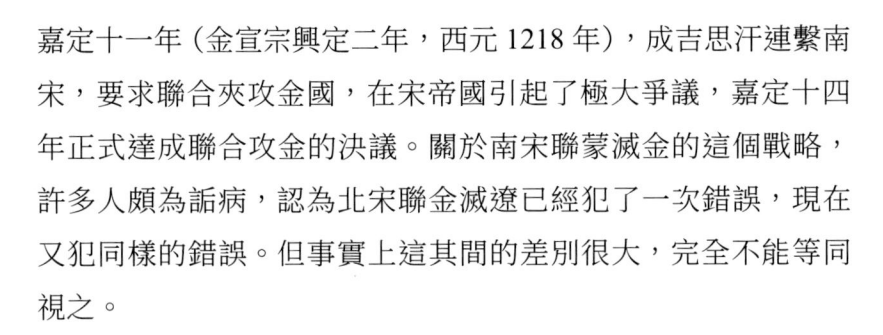

第五章　王師北定中原日，家祭無忘告乃翁

嘉定十一年（金宣宗興定二年，西元1218年），成吉思汗連繫南宋，要求聯合夾攻金國，在宋帝國引起了極大爭議，嘉定十四年正式達成聯合攻金的決議。關於南宋聯蒙滅金的這個戰略，許多人頗為詬病，認為北宋聯金滅遼已經犯了一次錯誤，現在又犯同樣的錯誤。但事實上這其間的差別很大，完全不能等同視之。

當時宋廷掌權的人是史彌遠，他在除掉權相韓侂胄後自己也成為權相，嘉定十四年已官至太子少師、右丞相兼樞密使。事實上，史彌遠並不贊成聯蒙攻金，相反，他準備繼續提供歲幣，並加大幫助金帝國抗蒙的力度。太常少卿真德秀等許多名士痛斥此行為是賣國，尤其是大批太學生直言要求處斬提議聯金的喬行簡。史彌遠無奈，只好停止歲幣，嘉定和議簽訂僅數年又作廢。金帝國在遭到蒙古的屢次打擊後，又遭南宋斷絕歲幣，失去了最重要的經濟來源。和遼帝國一樣，歲幣也對金國的生產力發展產生了極大的負面作用，金帝國經營中原百年，到頭來突然發現：自己的生產力水準居然一點都沒有進步，當宋帝國突然停止歲幣後他依然一貧如洗。

金帝國遷都開封後，就如何處理對宋關係的問題上，一些有識之士提出應該與宋交好，合力對抗蒙古，宋方也確有此意，但最終金哀宗（完顏寧甲速，漢名守緒）和權相朮虎高琪卻做出了一個令人瞠目結舌的決定：攻宋。理由是北方的土地失去了，就要在南宋撈回來。

第四篇　以金人秋淚償靖康之恥

宋帝國高層其實很清楚當時的局勢，明確了要扶金抗蒙的戰略，但由於雙方仇恨太深，國內的民族情緒已無法平息，更由於金帝國愚蠢的攻宋決議，使得宋帝國不得不做出聯蒙滅金的雙輸決策。大金，這個不倫不類的山寨漢式帝國，終於就要走到盡頭。當然，就在它滅亡前的一刻，一位非常符合儒家審美觀的忠臣橫空出世，為《金史》增添了最後一抹亮色。

■ 完顏陳和尚：不要說女真人不懂春秋大義 ■

誠然金帝國的最高統治集團很難讓人稱道，但這樣就能說女真人完全不懂得春秋大義嗎？我想只要青史中留下了完顏陳和尚這一個名字，女真人就足以說不。

完顏陳和尚，漢名彝，字良佐，生於紹熙三年（金章宗明昌三年，西元 1192 年）。其父完顏乞哥在開禧北伐時任同知階州軍事，宋軍攻克階州時戰歿。完顏陳和尚 20 歲時蒙古軍攻占豐州（今內蒙古呼和浩特），將其掠走，由於知書達理深受蒙古大帥喜愛，在帳下驅使。年餘後完顏陳和尚及其兄完顏斜烈以回家探母為由逃回開封，金宣宗查明完顏斜烈有世襲猛安謀克，授為都統，將完顏陳和尚留在身邊使用。完顏陳和尚酷愛讀書，從太原名士王渥學書，熟讀經史，具有進士同等學力。後來完顏陳和尚曾一度因為一起斷案糾紛被捕下獄，在獄中 18 個月，一直手不釋卷，學問又有精進。不久完顏斜烈卒，金哀宗

第五章　王師北定中原日，家祭無忘告乃翁

特赦完顏陳和尚，任命為紫微軍統制，走上軍旅生涯。

寶慶三年（金哀宗正大四年，西元1227年），完顏陳和尚任忠孝軍提控。這個忠孝軍其實並不忠孝，是由回紇、羌、渾、蒙古等各族難民以及一些漢、契丹逃犯組成的一支雜牌軍，情況非常複雜，扔給了完顏陳和尚帶領。但完顏陳和尚治理有方，讓這些雜痞俯首聽命，又曉以大義，成為一支真正的忠孝軍，所過州縣秋毫無犯，而且每戰都盡忠死鬥，堪稱金帝國歷史上的一個奇蹟。

紹定元年（金正大五年，西元1228年），蒙古進攻大昌原（今甘肅省寧縣），金軍主帥平章政事完顏合達問誰去迎戰，完顏陳和尚主動請纓。蒙軍主將是成吉思汗帳下「四傑」之一的赤老溫，兵力約有八千騎，完顏陳和尚僅率忠孝軍四百騎出戰。戰前完顏陳和尚沐浴更衣，抱定必死之心，「擐甲上馬不反顧」。忠孝軍將士無不用命，竟大破蒙軍。大昌原之戰是蒙古建國以來金軍首次獲勝，極大的振奮了士氣，完顏陳和尚晉升定遠大將軍、平涼府判官、世襲謀克，一時名動天下。

紹定三年，蒙古真定萬戶史天澤率大軍進圍衛州（今河南省汲縣），完顏陳和尚率忠孝軍疾馳赴援，又勝蒙軍，衛州解圍。次年，成吉思汗帳下「四狗」之一的速不臺進攻陝西，兵至潼關。完顏陳和尚又率忠孝軍赴援，取得大捷，一直追擊至倒回谷（今陝西省藍田縣）。儘管這幾場大捷在元人所編的《金史》上都竭力隱諱，但這寥寥數語，也足可見這位最後的女真名將那

第四篇　以金人秋淚償靖康之恥

叱吒沙場的颯爽英姿。帶兵僅四年時間，完顏陳和尚已經三度大破蒙軍，累官至禦侮中郎將，他的忠孝軍也成為金軍現在最能倚靠的長城。

當然金帝國的頹勢已不是一個完顏陳和尚可以挽回的。紹定五年（金哀宗開興元年，西元 1232 年），蒙古分三路南侵，窩闊臺汗親率中路軍攻河中府，四弟拖雷率西路軍攻陝西，叔斡惕赤斤率東路軍攻山東。四王子拖雷充分發揮蒙古騎兵轉戰千里的超強機動能力，率三萬大軍繞開潼關，向南宋借道從西面進攻開封。金帝國已經到了危急存亡之秋，平章政事完顏合達、樞密副使移剌蒲阿率十五萬大軍前往阻截。這支軍隊集中了金帝國最後的全部精銳，其中包括已升任中軍統領的完顏陳和尚及其下屬由夾谷愛答率領的忠孝軍，兩軍在鈞州（今河南省禹州市）西北三峰山相遇。

蒙軍兵少，但拖雷並不急於進攻，而是用起了游牧民族的慣用戰術：游擊騷擾。嚴格的說女真也是游牧民族，但現在被人還施彼身，金軍又完全沒有宋初禁軍以步制騎的強大野戰能力，只能被蒙軍玩弄於股掌之間。金軍一進攻，蒙古輕騎立即逃遁，一紮營又立即來騷擾，十餘萬金軍連續三天不能休息，甚至很多部隊連吃飯的時間都沒有，異常疲憊。三天後十五萬金軍被三萬蒙軍逼入三峰山中，時值正月，天降大雪，金軍身披鐵甲，僵立在風雪中，飢寒交迫。蒙軍在四周烤火煮肉，輪番襲擾，金軍幾欲崩潰。而窩闊臺汗攻克河中府，與太師國王

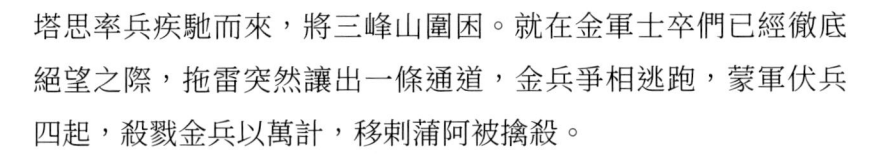

塔思率兵疾馳而來,將三峰山圍困。就在金軍士卒們已經徹底絕望之際,拖雷突然讓出一條通道,金兵爭相逃跑,蒙軍伏兵四起,殺戮金兵以萬計,移剌蒲阿被擒殺。

金軍十餘萬潰兵絕大多數被恆山公武仙收攬後向東逃去,完顏合達、楊沃衍、完顏陳和尚等率數百殘兵逃入鈞州城內,繼續堅守,但怎奈蒙軍勢大,孤城很快被攻破。完顏陳和尚繼續率兵巷戰,不久完顏合達、楊沃衍以及士卒全部戰歿。

完顏陳和尚知不可免,從容來到蒙軍主將(可能是拖雷)面前,坦然道:「我是忠孝軍總領完顏陳和尚,大昌原之勝者我也,衛州之勝亦我也,倒回谷之勝亦我也。我若死於亂軍中,人們將說我負國,今日明白死,天下就知道我了。」蒙將想勸降他,完顏陳和尚當然不從,蒙軍使出了非常殘忍的酷刑,依次斫斷完顏陳和尚全身筋脈,又將他從口到耳的肌膚一點點撕開!完顏陳和尚滿臉滿身鮮血狂噴,已不能言語,猶大呼不降,直至力竭而死。以殘忍著稱的蒙將也深為感動,酹酒送行,祝曰:「好男子,他日再生,當令我得之。」完顏陳和尚歿年40歲,贈鎮南軍節度使,立褒忠廟,勒石紀其忠烈。

正是:

詩書明大義,刀馬萬人敵。

碧血照千秋,映我金字旗。

御魔殺神

在戰爭舞臺上已經浴血奮戰了兩百餘年的宋軍，誕生了一個接一個的歷史名將，如果要問誰是其中最閃耀者，岳飛當仁不讓要排第一，李繼隆、吳玠等亦不遑多讓。但如果要從統計資料出發，比起殲滅敵軍的數量，只怕無人能與孟珙比肩。有人粗略統計過他僅在紹定六年和端平元年這兩年間殲滅金軍的數量就達到驚人的──六十萬！其後殲滅的蒙古軍數量更是無法統計。更重要的是，正是他最後帶兵攻破金帝國首都，將金帝屍首帶回臨安祭祖。嚴格說來，僅論戰績，孟珙只怕還在岳飛之上。

孟珙，字璞玉，隨州棗陽人，生於慶元元年（西元 1195 年）。孟珙曾祖父孟安曾為岳飛部將，父親孟宗政在嘉定和議後宋軍大力整飭軍務中嶄露頭角。嘉定十年（金宣宗貞祐五年，西元 1217 年），金帝國南侵，簽書樞密院事完顏賽不兵至棗陽，孟宗政率兵從襄陽赴援，結果中伏陷入重圍。孟珙帶兵奮勇衝入，將父親救出，名噪一時。嘉定十二年，參知政事完顏訛可率步騎二十萬會攻棗陽，孟宗政百般設計抵禦，金軍猛攻八十餘日不克，損失慘重。孟珙登城射敵，神勇異常，將士驚服。孟宗政遣孟珙率兵繞道側擊金軍，連破 18 寨，金軍驚走，被邀擊所殺三萬餘人。許多北方漢人來歸順孟宗政，孟宗政將他們編成二萬餘人的「忠順軍」。嘉定十六年，孟宗政卒，贈太師、永國

第五章　王師北定中原日，家祭無忘告乃翁

公，諡忠獻。這位被金人稱之為「孟爺爺」的名將還留下一個更加強大的兒子，成為金人的絕殺噩夢。

孟宗政卒後，忠順軍矛盾頻出，主將江海無法統領，制置司交給孟珙率領，立即治理得很好，成為南宋後期的一支主力。隨後數年，孟珙累官至京西兵馬鈐轄、棗陽軍駐紮，成為湖北一路的軍事長官，接過了岳飛的戰刀。當年岳飛進軍至開封城南抱憾而歸，而今金帝國已經遷都至開封，孟珙會實現岳飛的遺志嗎？

遷都開封時，金宣宗接受宣徽使移剌光祖的建議，將河北、山東、山西之地分封給九個人，讓他們組建私家軍隊抵擋蒙軍攻勢，史稱「九公封建」。這在中國人看來是一種歷史的倒退，但對於金帝國而言卻是一件無可奈何的事情。到此時，它不得不承認，漢式帝國看起來很美，但它確實玩不起。但這九位封建領主也不足以抵抗蒙軍的攻勢，紛紛戰死甚至降蒙。九公中以轄有中山、真定等府的恆山公武仙實力最強，但也面對蒙古的兵鋒，曾一度向蒙古漢軍萬戶史天倪投降，不久又刺殺史天倪逃回金國。三峰山之戰金帝國最後十五萬精銳被擊潰，但這只是一場擊潰戰，而不是殲滅戰，大部分金兵逃離險境後又被武仙收攏，武仙一下就成為金國實力最強的人。除武仙外，還有一位武天錫，本是鄧州農民，在亂世中聚眾成兵，竟有二十萬眾，被金帝國封為元帥，再加上鄧州總帥移剌瑗，金帝國現在仍有四十萬左右可用於機動的龐大軍隊。

第四篇 以金人秋淚償靖康之恥

現在金帝國基本上已經不對繼續占領中原抱有幻想，準備撤離這塊是非之地，遼德宗重建西遼的歷史就成為他們的最佳範本。但遼德宗當初是得到蒙古諸部的支持才順利通過西域，金帝國顯然不能走這條路，於是他們只能一桿子捅到底：繼續攻宋，放棄北方的土地，攻占四川，做為金國新的棲身之地！

如果這個戰略構想成功的話，至少可以形成一個三足鼎立的態勢，延續國祚。當年遼德宗僅率二百騎便可橫絕大漠，重建西遼，現在金帝國尚有數十萬大軍，難道做不成一樣的事嗎？是的，確實做不成，因為遼德宗面對的是不懂兵法的中亞聯軍，而金帝國卻要面對這位恐怖的御魔殺神：孟珙。

三峰山之戰後，金帝國的內鬥也愈發激烈，權臣相互殺戮掀起一個又一個的高潮。紹定六年（金天興二年，西元1233年），金哀宗棄守開封、洛陽、商丘，逃到蔡州（今河南省汝南縣）。這時金哀宗向宋帝國京湖制置司哀聲求援，居然講了一番很有見地的話，闡明宋金唇亡齒寒的道理，就差沒舉出當年童貫滅遼的反例來了。如果他確有誠意，相信宋廷未必不能擱置百餘年前的靖康之恥，認真考慮與他合作抗蒙，但事實上他卻一邊向宋求援，一邊詔令武仙等率大軍奪取四川。

既然金人如此，那宋人也確實沒有辦法了，就請獻首以雪靖康之恥吧！

從陝西入川是極不現實的，當初完顏粘罕、完顏兀朮占盡優勢時尚且損兵折將，現在武仙更玩不起那套自殺式衝鋒的戰

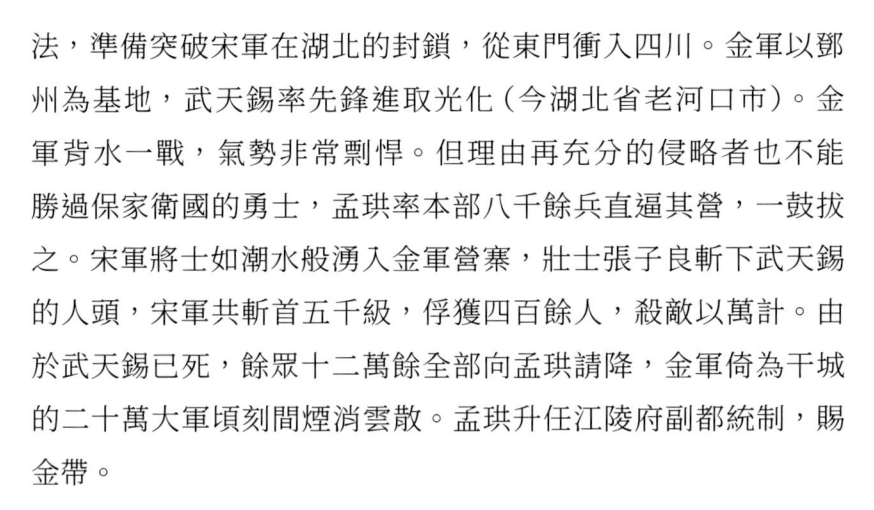

法,準備突破宋軍在湖北的封鎖,從東門衝入四川。金軍以鄧州為基地,武天錫率先鋒進取光化(今湖北省老河口市)。金軍背水一戰,氣勢非常剽悍。但理由再充分的侵略者也不能勝過保家衛國的勇士,孟珙率本部八千餘兵直逼其營,一鼓拔之。宋軍將士如潮水般湧入金軍營寨,壯士張子良斬下武天錫的人頭,宋軍共斬首五千級,俘獲四百餘人,殺敵以萬計。由於武天錫已死,餘眾十二萬餘全部向孟珙請降,金軍倚為干城的二十萬大軍頃刻間煙消雲散。孟珙升任江陵府副都統制,賜金帶。

解決掉武天錫後孟珙又將劍鋒指向移剌瑗,當時移剌瑗主動進攻呂堰(今河南省信陽市),孟珙向制置司申請將周邊軍寨都劃歸他指揮。金軍進抵呂堰,孟珙率軍迎擊,施展陣法,將金軍逼至山河險要處。金軍丟盔棄甲而走,被斬首三千,餘眾三萬二千餘人請降。打掉移剌瑗的主力部隊後孟珙立即進逼鄧州,移剌瑗已經失去信念,以鄧州五縣、一萬五千五百軍、十二萬餘民眾向孟珙請降。

現在剩下的就是最強大的武仙了,三峰山之戰後武仙閱兵「選鋒尚十萬」,而從武仙多次與蒙軍周旋來看,其人指揮能力也很傑出,金帝國最後一軍戰鬥力其實仍然很強。武仙屯兵在河南省淅川縣石穴山,金哀宗遣使來責難:「朕平日不負卿,現在國家危難,你忍心擁兵自重,坐等滅亡嗎?」金軍將士們聽到後相視哽咽,氣血激昂,皆願捐軀赴國難。武仙召集將官三千

第四篇　以金人秋淚償靖康之恥

人歃血為盟,決心盡忠死戰,不負國家。武仙定下了突圍至蔡州,迎接金哀宗,血戰入川的計畫。這確實也是金帝國最後一線生機,然而不等他出發,孟珙已經來了。接下來這一段《宋史》和《金史》記載差別較大,《宋史》稱是孟珙攻滅了金軍主力,《金史》稱是金軍逆流而上時,天降暴雨,淹死了大半,估計二者皆有之。

七月,武仙愛將劉儀向孟珙請降,說明了武仙的虛實,共分九寨,石穴山是大寨,前方設有非常複雜的多重掩護陣型,極難攻取。但劉儀深知底細,與孟珙制定了詳細的作戰方案,設計合理依次攻取。翌日,宋軍先攻處於連線部位的離金寨(此名太不吉利),宋將盧秀挺旗入寨,金軍分據巷道堅守,宋軍大呼縱火,將金軍掩殺殆盡。當夜,壯士楊青、王建潛入王子山寨,割取金軍小元帥(看似還比較大的官)首級而歸。

之後宋軍進攻石穴山大寨的前護馬蹬寨,孟珙遣統制樊文彬攻前門,成明在西路設伏,另遣一軍圍困紇石烈寨,一軍圍困小總帥寨,斷絕援兵。樊文彬攻入馬蹬寨,「火燭天,殺僇山積」,斬殺金兵不計其數。金軍殘部逃離時也盡被成明伏兵所得,萬餘金軍請降。而宋軍回師時在沙窩寨遇到金軍,又一擊克捷,這一天宋軍便三戰三捷。隨後丁順攻破默候裡寨,孟珙又遣劉儀招降了武仙部下數員大將。

孟珙料定武仙將上岾山制高點觀察,遣樊文彬疾馳至山下設伏。不久武仙果然率兵到來,樊文彬待金軍登山及半時突然

第五章　王師北定中原日，家祭無忘告乃翁

殺出，金軍驚慌失措，大多跌落山崖，大將兀沙遮被斬，武仙勉強逃脫。此時武仙九寨的外圍盡失，主寨被破幾成定局，但武仙仍拒絕投降。孟珙立即集結部隊星夜向石穴山出發，天明時宋軍抵達。當時還在下雨，樊文彬認為可以等雨停再進攻。孟珙答道：「這正是唐朝名將李愬雪夜擒吳元濟的時刻啊！」於是策馬疾行，親自指揮，宋軍一鼓作氣，冒雨力戰，攻破石穴山寨。主寨既破，九寨俱失，武仙率敗兵逃離。宋軍追至鮎魚寨，武仙收攏敗兵復戰，又敗，更換服裝逃遁。武仙逃至銀葫蘆山，被宋軍追及，整軍再戰，又敗，僅帶五六騎逃離，後來宋人便不知他的下落。事實上後來武仙的部下要求他到蔡州為金帝盡忠，他沒有去，金帝國滅亡後，在澤州被亂兵所殺。

武仙遁後，共有七萬餘金兵請降，加上之前斬殺的數萬軍，武仙部這支十餘萬人的精銳金軍也被全殲，孟珙升任修武郎、鄂州江陵府副都統制。紹定六年一年間，孟珙便將約四十萬金軍全殲，撲滅了金帝國起死回生的希望之火，這不僅是同時代的蒙古軍沒有做到，也是前代名將李繼隆、岳飛未曾做到過的壯舉。現在金哀宗還困守蔡州，等待他的下場可想而知。

正是：

明炬熾空燃飛蛾，巨浪滔天破殘河。

契丹可以延西遼，孟珙不讓女真合。

第四篇　以金人秋淚償靖康之恥

■ 百年國恥，終得洗雪 ■

毫無疑問，靖康之恥是宋王朝乃至整個漢民族史上最難堪的紀錄之一，百餘年來宋金雙方打來打去，宋軍雖有不少勝績，但顯然都還不足以洗雪國恥，百年來宋人的遺憾必須要用金帝的人頭才能了斷。現在金軍主力已被孟珙全殲，金哀宗困守蔡州孤城，一雪百年國恥的機會就在眼前。

當然，如果認為金帝唾手可得的話就大錯特錯了，困獸猶鬥往往能爆發出意想不到的戰鬥力。武仙等金軍主力被宋軍全殲前，蒙軍就已經圍困蔡州。蒙古以成吉思汗從弟博爾忽姪孫塔察兒（《宋史》稱倴盞，《史集》稱朵豁勒忽扯兒必）為那顏（長官），率大軍進攻蔡州。但此前屢敗金軍的蒙古鐵騎卻進展不順，屢戰屢挫。儘管元人所留下的史料不會老實交待蒙軍的敗績，但從圍困一年無任何進展，甚至蒙軍都元帥國用安等高級將領降金來看，蒙軍不但打了敗仗，甚至還讓許多人看到了金帝國翻盤的希望。蒙軍只好在城外築起長圍，以待宋帝國援軍。而時間持續拖延，周邊州縣都已經被蒙軍劫掠殆盡，號稱不用補給的蒙古輕騎也陷入斷糧的窘境。隨著冬季的到來，金蒙兩軍甚至都出現吃人肉的情況，從理論上講，進攻方首先放棄的機率更大。

紹定六年十月，史彌遠之姪京湖制置使史嵩之正式下達聯蒙滅金的軍令，遣孟珙率兩萬戰兵、軍糧三十萬石進圍蔡州。金人得知宋軍前來，忙從唐州方面調集兩萬騎攔截孟珙，兩軍

第五章　王師北定中原日，家祭無忘告乃翁

在蔡州東南的真陽橫山相遇。一方是捨命保家衛國，竭忠盡孝；一方是欲雪百年國恥，怒髮衝冠。究竟誰將留下眼淚，誰將贏得榮光？金軍眼含熱淚，氣血激昂的衝向宋軍，但孟珙鼓行而前，摧鋒直入，靖康之恥的一幕幕也浮現在宋軍將士的眼簾。終於，金軍不支敗去，被斬首一千二百餘級。史嵩之又調兵會攻唐州，金軍堅守不棄，以至人相食。主將烏古論黑漢殺愛妾為軍糧，士大夫紛紛殺妻饗軍。但最終還是被宋軍攻入，黑漢巷戰被擒，不屈而死。宋軍進至息州（今河南省信陽市），將金軍救援蔡州的路線堵住，孟珙部這才進抵蔡州。

得知宋軍到來，蒙古人異常興奮，塔察兒遣親衛兔花忒、沒荷過出、阿悉三人前去迎接孟珙。孟珙與他們一起射獵，吃鮮肉，塔察兒大喜，與其約為安答，制定了兩軍會攻蔡州的方略。這時又有金兵萬人出城來戰，孟珙斷了他們的歸路，將他們趕入汝河，俘獲不少，更得知城內已經缺糧。孟珙認為應該嚴防突圍，但塔察兒卻認為是搶功的好機會，遣萬戶張柔率精兵五千衝入城內，結果中了金軍的埋伏，張柔「中流矢如蝟」，多虧孟珙派精兵奮力救出。

雖然金帝國的殘暴統治很不得人心，百年間叛降起義不斷，但是當最後時刻到來，很多金臣還是展現出了很高的氣節。成為孤城後，金軍首先把羸弱老幼放出城，以重臣為帥分守四門，將城中女子都點集為兵，金哀宗親自安撫各部，將士無不聚集吶喊，願以身殉國，金哀宗甚至殺御馬犒勞士卒。有

第四篇　以金人秋淚償靖康之恥

了這樣的君臣，此前蒙軍連遭敗績，也就不難理解了。但宋軍的到來徹底改變了局勢，孟珙不但帶來了充足的軍糧，更制定了困死金軍的正確戰術。塔察兒在得到軍糧補給後也放緩了強攻的節奏，配合宋軍圍城。

十二月，孟珙估計金軍已經不支，開始進攻城外的柴潭立柵。宋軍生擒金軍大將郭山，金軍奮力殺出，宋軍略有退卻。孟珙躍馬入陣，斬郭山人頭擲於軍前，宋軍士氣復振，進逼柴潭水寨。柴潭其實是汝河的一個湖，潭水很深，相傳下面有龍，士卒不敢接近，金軍在其中立有水寨，敵樓上安裝巨弩，是蔡州最強大的外圍防線。孟珙召集麾下飲酒道：「柴潭並非天造地設，巨弩可以射遠而不能射近，金軍所持的無非潭水而已，我們決開湖堤，立即乾涸。」於是宋軍決開湖堤，潭水瀉出，宋軍投入薪柴，渡過柴潭。金軍雖奮力抵抗，甚至想出了讓美女在樓上分散宋軍注意力的辦法，這自然是不管用的，被攻破外城。蒙古軍也效仿此法，決開練水渡河。

孟珙攻破外城後金軍彈藥已盡，將老幼熬成油作武器，號稱「人油炮」。孟珙遣道士想說服這種過於不人道的戰法，但沒有成功。金軍總帥孛術魯婁室率五百忠孝軍帶著人油衝出城來，欲焚毀宋軍攻具，但被蒙軍發現，引弓射之，金軍傷亡慘重，孛術魯婁室勉強逃回城內。宋蒙兩軍合攻西門，數次鑿穿西門，但尚書右丞兼樞密副使完顏仲德率兵日夜捍禦，竟一時不能攻破。

第五章　王師北定中原日，家祭無忘告乃翁

端平元年（金哀宗天興三年，西元1234年）到來，宋蒙兩軍在城下慶賀正旦，酒肉香氣、歡歌笑語瀰漫入城，而金軍卻在城中到處挖人畜屍體為食。而後金軍出現了將敗軍全部斬殺為食的情況，這支鐵山般剛強的忠孝軍終於出現鬆動，開始有人降敵。炮軍總帥王銳殺元帥谷當哥後降敵，這給守城的金軍帶來致命一擊。此前，金軍戰歿的已經有元帥四人、都尉三人、總帥以下不計其數。完顏仲德曾一度率兵突圍，但怎可能突破孟珙的鐵壁。金哀宗知不可免，正月九日夜，召集百官道：「自古無不亡之國，但朕不願受辱。朕身體肥胖，不便騎馬，傳位於都尉完顏承麟，若能突圍而出，延續國祚，這正是朕的志向！」完顏承麟是完顏兀朮曾孫，一直忠心耿耿，護送金哀宗四處逃難並奮勇作戰，此時臨危受命，史稱金末帝。

正月十日，黑氣壓城上，日無光。金末帝舉行了即位大典，隨即率兵出戰，而此時南門已經立滿宋軍旗幟。孟珙集中兵力，向南門發起總攻，以鼓聲指揮諸將登城。部將馬義率先登上城頭，緊接著趙榮也成功登城，宋軍士氣大振，萬眾競登，攻破城門，靖康之恥世仇的後人如潮水般湧入蔡州城內。那一刻，無論什麼力量，也絕無可能阻擋這股鐵血洪流。

宋軍又放開西門，蒙軍也進入城內。完顏仲德依然率兵巷戰死守，丞相烏古論栲栳、參知政事張天綱被宋軍所擒，殿前都點檢兀林達胡土戰歿。就在此時，又傳來金哀宗自盡的消息，金末帝率眾退保禁城，哭奠哀宗，還不忘緊急上了一個哀

宗廟號。絕望的完顏仲德知道若偷生必然受辱,於是投水殉國,參知政事孛術魯婁室、總帥元志、元帥王山兒、紇石烈柏壽、烏古論恆端及軍士五百餘人見後都隨完顏仲德殉國。宋軍立即衝入禁城,金末帝歿於亂軍之中,金帝國正式滅亡。按現存史料記載,金帝國正式建立於宋徽宗政和六年(金太祖收國元年,西元 1115 年),以此計算共傳 10 帝,國祚 120 年。

當然,現在還有一個更重要的事情,那就是爭奪金哀宗的屍首。事實上游牧民族有玩弄敵國君主頭顱骨的傳統,蒙古滅宋後宋理宗的頭骨一直被蒙古人玩弄到元滅才由明太祖安葬,金帝國曾是蒙古諸部的統治者,所以蒙古人對金哀宗的屍首是非常渴求的。但是,徽、欽二帝的後人又何嘗不需要這個世仇的屍首呢?關於金哀宗屍首的分配,宋蒙兩軍如何磋商史書無詳載,最後的結果是宋軍取走金帝的屍首主體,蒙軍只分到一隻右手。《金史》記載金宮奉御絳山安葬了金哀宗屍骨,可能是蒙古人覺得一隻手意義不大,就還給了金人,金帝的屍體其實是被孟珙帶回了南宋。

英雄歸來!

孟珙將繳獲的金哀宗屍首、金帝國乃至遼帝國印璽帶回臨安,南宋君臣百姓無不欣喜若狂。宋理宗率百官奉金哀宗屍首、俘虜張天綱、完顏好海在太廟舉行了盛大的獻俘儀式。整整 107 年,靖康之恥,終得洗雪!愛國詩人陸游臨終前曾寫下這首〈示兒〉:

第五章　王師北定中原日，家祭無忘告乃翁

死去元知萬事空，但悲不見九州同。

王師北定中原日，家祭無忘告乃翁。

是啊！這一刻，不僅是宋理宗可以告於太廟，每一位宋人，都可以在家祭時正告列祖列宗：金國——滅了！

正是：

靖康血淚半壁土，君臣遺憾衝冠怒。

百年惡戰終破蔡，歸取金帝告先祖。

■ 結束語 ■

　　毫無疑問，南宋的戰史比北宋更殘酷。北宋的戰爭主要是大國戰略，以軍人為主，而宋金戰爭則更多的是保家衛國的反侵略戰爭，其中更有無數山河破碎，百姓飄零，其繁雜酷烈，令人不忍多視。當然，殘酷的戰爭造就更多忠臣名將，南宋的岳飛、韓世忠、虞允文、孟珙似要更勝北宋諸位名將。疾風知勁草，歲寒見後凋。在國家民族的危難到來之際，總會湧現出更多的忠良事蹟，感動著後人。

　　關於宋金戰和史，現代流行的觀點認為金帝國造成了靖康之難，並與南宋達成了多次和約，是宋朝文弱的體現。誠然，金帝國勃興之際，突襲開封，讓宋朝陷入一片混亂，丟失了半壁河山，這自然是宋王朝的奇恥大辱。但客觀的講，當災難到

來時，我們祖先表現出來更多的是奮勇抵抗的血氣，而不是所謂的軟弱。如果沒有這種奮力抗爭的血氣，南宋是根本不可能成立的，只是因為一些客觀原因，未能收復中原。而金帝國雖然剽悍，而且文明程度進展很快，但事實證明，它確實還不具備統治中原的本領，只能算是一個表面部分漢化的山寨帝國。這樣一個帝國立足於中原這個四戰之地，還不願意割捨，等待它的下場必然異常悽慘，甚至伴隨著一個強悍民族的整體消失。但是，天理循環，報應不爽，必以金人秋淚，方能償靖康之恥！當年金太祖、完顏斡離不都反對攻宋，就是害怕這一天的到來，但金太宗、完顏粘罕等人貪功挑戰，說來也和童貫、韓侂冑有些相似。而且金國還經常故意羞辱宋人，正是他們做這些事時沒有考慮為子孫留點後路，才導致女真民族百年後的悲慘結局。

　　而遭受了靖康奇恥的宋帝國，經過百年血戰，終於取回金帝的屍首，洗雪了百年國恥，這無異也是值得讚許的壯舉，而不應該被抹煞。現代普遍流傳的說法是蒙古而不是宋軍攻滅了金帝國，這種觀點顯然也是錯誤的。金帝國正是因為年年南侵實力大損，尤其是末年連續急攻孟宗政鎮守的京湖路均以慘敗告終，以至「士馬折耗十不一存」，才在對蒙戰爭中處於下風。而蒙古對金多是一些劫掠戰，包括著名的野狐嶺、三峰山之戰，也都只能算是擊潰戰，而不是殲滅戰，始終未能對金軍進行致命一擊。當然也有研究認為是窩闊臺汗為防拖雷王子功高

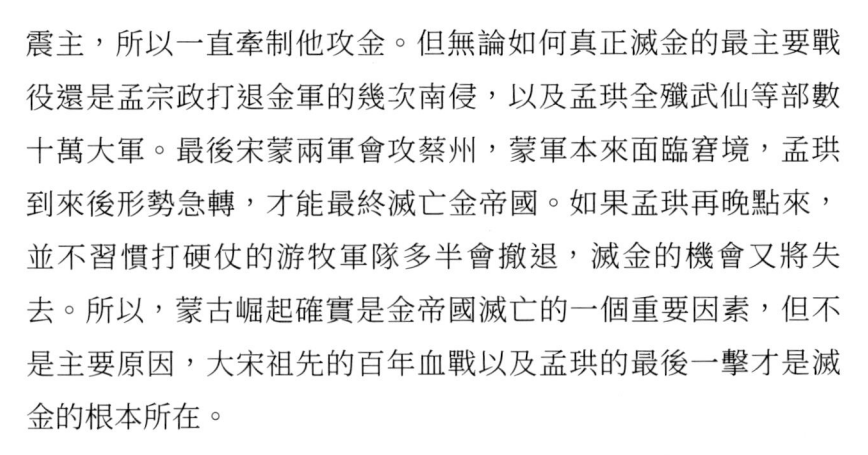

第五章　王師北定中原日，家祭無忘告乃翁

震主，所以一直牽制他攻金。但無論如何真正滅金的最主要戰役還是孟宗政打退金軍的幾次南侵，以及孟珙全殲武仙等部數十萬大軍。最後宋蒙兩軍會攻蔡州，蒙軍本來面臨窘境，孟珙到來後形勢急轉，才能最終滅亡金帝國。如果孟珙再晚點來，並不習慣打硬仗的游牧軍隊多半會撤退，滅金的機會又將失去。所以，蒙古崛起確實是金帝國滅亡的一個重要因素，但不是主要原因，大宋祖先的百年血戰以及孟珙的最後一擊才是滅金的根本所在。

而近年來有一種更奇怪的觀點，說游牧民族本來很「尚武」，但一到中原，進了漢人這個「醬缸」，就會變得和漢人一樣「軟弱」，女真就是一個例子。在現代文明社會還能看到這種觀點，我只能感到悲憤。金帝國入主中原，雖說進步不大，搞得不倫不類，但至少是往文明的方向進步了，怎麼可能變弱？在金帝國滅亡時，完顏陳和尚、完顏仲德等人在儒家精忠思想的驅策下，拋頭顱、灑熱血，即使明知救國無望，依然不惜老弱相食，血戰至最後一刻，這能叫軟弱嗎？如果非要說漢化給女真人帶來的「壞處」，就只有那種寧死不棄的氣概了，如果他們還是一打就跑得沒影的游牧部族，自然是不會堅守孤城的，首領多半也是可以活命，而不用殉國的。

前文已經說過，聯蒙滅金本非宋帝國的本意，宋人很清楚的意識到勃興的蒙古遠比遲暮的金帝國更可怕。大宋，這個已經走過276年，相當於明朝全長的鐵血王朝，送走了契丹、党

項、女真三大強敵,到此時也再難耐筋疲力盡,遍體鱗傷,他還將如何面對滅國四十,如狂風般剽悍的上帝之鞭:蒙古。

第五篇
諸神的黃昏

第五篇　諸神的黃昏

第一章
最後的征程

■ 史上最強的上帝之鞭 ■

蒙古，毫無疑問是人類歷史上最成功的游牧民族，其建立的大蒙古國（元帝國）雖然實際版圖不算特別大，但如果算上藩屬的名義版圖和殖民地，則是人類歷史上僅次於大明和大不列顛的超級帝國。但這兩個時代比蒙古更晚的帝國之所以龐大，相當程度上是藉助了更先進的交通運輸工具和管理科學，而蒙古則基本上是馬背上拓展出來的萬里疆域。

宋王朝國祚將傾之際，民族矛盾異常尖銳，而且蒙古對當時的人類文明，尤其是華夏文明確實造成了極大破壞。當然，當時的蒙古奴隸主，軍事貴族的所作所為，完全不代表現在的蒙古族人民，但這也是我們必須正視的歷史事實，更是必須銘記的歷史教訓。只有正視歷史，才能面向未來，迴避甚至不承認歷史事實的做法是不可取的。

事實上蒙古在建國後，在很長的一段時間內都沒有和宋帝國正面交鋒，宋蒙戰爭是成吉思汗死後很久的事情，在此有必

第一章　最後的征程

要專門介紹一下蒙古這個民族的淵源。

蒙古族主要聚居在蒙古利亞高原，遼帝國對這片草原的治理是歷史上最成功的，但是當童貫揭開遼帝國這道封印後，游牧部族的重新崛起就不可避免了，蒙古就在這股大潮中甦醒過來。我們現在所說的「蒙古」其實是大蒙古國以後形成的概念，用以泛指今日內蒙古自治區、蒙古人民共和國、俄羅斯聯邦共和國東南部分地區，至於「蒙古利亞」、「蒙古人種」等概念均由此衍生而來，實則當時還沒有這種說法。最初狹義的「蒙古」是指遼帝國所謂祖卜諸部中的，室韋諸部中的，蒙兀諸部中的，乞顏部，事實上乞顏部下面還可以再細分成很多層次的部落，但現在成為所有蒙古人的統稱。

所謂室韋諸部非常複雜，黃種人和白種人都有，阿爾泰語系的三大人種：突厥、蒙古、通古斯分成無數部落，操著不同語言在草原上游牧，蒙古乞顏部是克烈部下屬的一個部落。克烈部大致位於蒙古草原中部，和金帝國關係較好，金帝國冊封克烈部可汗為「王汗」，授予它統領草原諸部的正統地位。金帝國對蒙古諸部的統治並不高明，完全靠武力鎮壓，甚至實施殘酷的「減丁」政策，即定期屠殺一批蒙古人，以防其人口增長。儘管游牧時代部族間用這樣的方式來統治並不稀罕，但至少可以看出金帝國比遼帝國要野蠻落後得多。乞顏部的首領俺巴孩汗，曾被塔塔兒部捕獲並送至金國處死，這也成為後來蒙古反金的一個重大理由。

第五篇　諸神的黃昏

乞顏部首領姓奇渥溫，孛兒只斤氏，後稱「黃金家族」，在俺巴孩汗卒後陷入低潮，但在也速該把阿禿兒（《元史》稱元烈祖）時代漸漸恢復了元氣。然而也速該又被塔塔兒部刺殺，乞顏部再度分崩離析。也速該之妻弘吉剌·訶額侖（《元史》稱宣懿皇太后）帶著鐵木真等幾個兒女在草原上流浪，生活朝不保夕。在躲過多次追殺後，鐵木真終於長大成人，重新拉起黃金家族的大旗。博爾術等原本從屬乞顏部的領主紛紛主動來投。他們帶著完整的部落來投靠鐵木真這一個孤零零的人，這在漢人看來很不可思議，但這確實就是游牧草原上的正理。

羽翼漸豐後，鐵木真投奔舊主克烈部的脫斡鄰勒可汗，隨其配合金軍剿滅塔塔兒部，既報了世仇，又獲得了金帝國的封賞。其中脫斡鄰勒汗被冊封為王，故而稱「王汗」。其後乞顏部也進行了激烈的內鬥，鐵木真憑藉克烈部的支持，擊敗了扎答蘭、蔑兒乞、泰赤烏等乞顏族部落。約在宋光宗紹熙末年（金世宗大定末年，西元 1190 年左右），鐵木真稱汗，統一了蒙古乞顏部。隨後鐵木真汗又立即轉頭進攻王汗，依次攻滅克烈、塔塔兒、乃蠻諸部，將蒙古草原完全統一。

開禧二年（金泰和六年，西元 1206 年），蒙古諸部在斡難河源頭召開忽里勒臺大會，建立「也客·蒙古·兀魯思」（漢語稱大蒙古國），鐵木真汗被選舉為「成吉思汗」，成為全蒙古草原的共主。成吉思汗於宋理宗寶慶三年（金哀宗正大四年，西元 1227 年）駕崩，享年 66 歲，元世祖追贈廟號元太祖。成吉思汗

第一章　最後的征程

號稱「滅國四十」，不但沒有被金帝國剿滅，還在西方打出了大片疆土，並將頑強的西遼和西夏徹底滅亡，創造了人類歷史上罕見的武功，被譽為「一代天驕」。

成吉思汗死後的繼承情況比較複雜，長子朮赤、次子察合臺受封於原花剌子模的國土，第四子拖雷（《元史》稱元睿宗）監國。三年後拖雷薨，第三子窩闊臺（元太宗）繼承大汗之位。分封到西邊的那些汗國，後來形成所謂的「四大汗國」。即朮赤係欽察汗國，後來成為俄羅斯的主人，斯拉夫語系稱「金帳汗國」；察合臺係察合臺汗國，國土主要在天山南北；窩闊臺係窩闊臺汗國，窩闊臺及其子貴由（元定宗）本來是大汗，但後被分封到中亞；拖雷之子旭烈兀係伊兒汗國，這一系的國土離蒙古本部最遠，主要在伊朗高原，基本上已經波斯和阿拉伯化了。

與宋帝國聯合滅金的是窩闊臺汗，其後交戰的是拖雷之子蒙哥汗、忽必烈汗（元世祖）。這一系占據了中央兀魯思，後來還建立大元，無論以漢人還是蒙古人的傳統來看，都可視為蒙古的正統中央政權。本書所說的蒙古，均指狹義的正統中央蒙古，也就是後來的元帝國，而不泛指西去的欽察汗國等部。該國的最高權力機關是忽里勒臺議會，大汗由議會選舉產生。諸宗王既領有私有部落，又有在議會投票的權力，政權體制更具游牧部族和封建領主制特徵，似乎回到了漢唐時代匈奴、突厥部落聯盟。當然，時代畢竟在進步，尤其是武器製造工程、管理科學與工程進步之後，蒙古要比前輩強大得多，創造了人類

歷史上罕見的武功，將阿拉伯、波斯、東羅馬、基督教等古老文明紛紛踩於腳下。而宋帝國卻已經送走了三位前所未有的強敵，自身也走過了近三百年的漫長生命，已經步入遲暮。

在這個全世界各大文明體系都陷入低潮的時候，最後一位守護者將如何面對此前戰無不勝的蒙古大軍？

■ 端平入洛：戰鼓一敲揭戰縵 ■

史彌遠搞翻了權臣韓侂胄，也成為新的權臣，由於擁立年幼的宋理宗，得以專權十餘年。紹定六年（西元1233年，滅金前一年），史彌遠薨，享年69歲，贈中書令，追封衛王，謚忠獻。史彌遠在後世譭譽參半，大多數人認為他擅權弄事，提拔了梁成大等一批奸臣，又主和議，尤其是追復秦檜的贈封，往往被歸於秦檜一黨。但客觀的講，史彌遠雖然專權，也沒做過什麼特別過分的壞事；雖然議和，但也是順其形勢，並非故意阻戰求和，其父史浩、其姪史嵩之等都是主戰派，他顯然不會是主和派。

史彌遠最大的遺憾莫過於沒能親眼見證金帝國滅亡這一歷史大事件，他薨後次年宋理宗就舉行了一雪靖康之恥的獻俘儀式。世仇滅，權相死，對於皇帝而言，再沒有什麼比這更開心的了。理宗此時也是極度興奮，提出馬上出兵收復三京（東京開封府、西京洛陽府、南京應天府）。取回舊土看似理所當然的事

第一章　最後的征程

情，但提交朝議時卻遭到普遍反對。

按宋蒙雙方約定，滅金後中原等地都劃歸宋帝國。當然，這種約定也沒什麼實際意義，誰能搶到多少算多少，去掉金帝國這層緩衝後，宋蒙大戰就會立即開始，這一點大家也心知肚明。後代有些人還討論宋蒙開戰是由誰先違約，挑起戰端，其實沒有任何意義。按理宗的設想，宋軍進駐三京後立即搶占潼關，先沿黃河布防，下一步再考慮將防線推進至宋初的陝西 - 山西 - 河北防線，便恢復了北宋故土。但反對者並不認為這是容易做到的事情，黃河比長江水量小得多，而且一到冬季就要結冰，不能做為戰略屏障。而遼闊的華北平原正是蒙古輕騎馳騁千里的大好戰場，如果和蒙古開戰，只能依託江淮防線，而不能將宋軍暴露在曠野中。當時支持理宗的大概只有右丞相兼樞密使鄭清之，以及他的兩個學生江淮制置使趙範、淮東制置使趙葵兄弟，其他人包括滅金的史嵩之、孟珙都堅決反對出兵。但由於理宗掌握了收復故土這個重大理論依據，反對者也害怕背上秦檜的惡名，不敢堅決反對，最終宋廷還是通過了出兵收復三京的決議。

端平元年（西元 1234 年）六月，宋軍正式向中原挺進，準備收復丟失百年的故土，以知廬州全子才為關陝制置使，率淮西軍萬餘人首先從廬州出發，趙葵率淮東軍五萬餘人跟進，史稱「端平入洛」。本來理宗制定了由江淮、京湖、四川三路出兵，分別進駐三京的方案，但京湖制置使史嵩之、四川制置使

第五篇　諸神的黃昏

趙彥吶以各種理由拒絕出兵。江淮軍開進中原後理宗急了，加封史嵩之為兵部尚書，要求他支援糧運，仍被拒絕。

據西方史學家記載，蒙古西征大軍走過的地方，從中亞到東歐，留下一個幾千公里長、幾百公里寬的無人帶，這種前所未有的破壞力顯然遠遠超出了宋人的想像能力。原本興高采烈去收復故土的宋軍看到「白骨露於野，千里無雞鳴」的荒涼景象，無不心悸。一路上宋軍沒有遇到任何抵抗，但也沒有任何收穫，預想中百姓壺漿簞食，喜迎王師的場景完全沒有出現。這倒不是因為中原百姓不歡迎宋軍來收復故土，而是因為僅存的百姓們不但不可能向王師進獻酒食，相反還必須向宋軍乞食。蒙軍把他們在西征中的經驗搬到中原，每過一地，都將當地人口盡量屠殺或遷走，房屋和樹木全部燒毀，在水源中塞滿屍體。現在宋軍踏上的是一個純粹的戰場，而不是可以依靠的國土。

七月初，全子才部終於抵達開封城下。現在「駐守」開封的是原金國都尉崔立、李伯淵等將。崔立本已投降蒙古，但他們的兵力少到可以忽略不計，宋軍一到，李伯淵立即殺死崔立，向全子才請降，宋軍進駐開封。

整整107年！宋軍的旗幟終於又出現在了開封舊都！這是岳飛、韓世忠未能實現的夙願！但全子才卻很難高興得起來，因為擺在他面前的絕對不是《東京夢華錄》、《清明上河圖》中的那個繁華帝都，相反，這很可能是他見過最殘破的城池。而且

第一章　最後的征程

當地無法補給，宋軍所帶軍糧已盡。更可怕的是蒙軍的動作開始了，他們並沒有先發大軍來攻，而是決開黃河大堤，中原頓成一片澤國，宋軍後勤部隊受阻於黃泛區，無法將補給及時運送上來。

但皇宮裡的宋理宗沒有看到這些現實困難，只看到一封封捷報飛來，他分別任命趙範、趙葵和全子才為東京、南京和西京留守兼知府。七月二十日，趙葵率軍抵達東京，問全子才為何還留在東京，而不進駐由他負責的西京洛陽並搶占潼關。全子才說糧餉未集，不宜進軍。趙葵認為他是逗撓，愈發催促。全子才無奈，只好遣淮西制置司機宜文字徐敏子帶五天軍糧開往洛陽，趙葵也派統制楊誼率廬州強弩軍一萬五千人跟進。宋軍抵達後，諾大的洛陽城死一般的寂靜，宋軍不敢貿然進入，在城外紮營。天黑後城內三百餘戶居民出城來乞食，宋軍才知道洛陽真的是空城了。七月二十八日，徐敏子正式進駐洛陽，另一方面宋軍也已進駐應天。理論上講，收復三京的壯舉已經完成了。

但進駐三京的宋軍不但不能大肆歡慶，相反，他們越來越感到不安。是的，如果他們做這麼多動作，蒙古人都真的坐視不管，那才叫怪了。事實上早在七月初忽里勒臺大會上，窩闊臺汗還沒有得到宋軍出兵的消息，卻已經定下了侵宋的大戰略：金帝國滅亡後，蒙軍撤離華北，實施堅壁清野，使宋軍無法駐守，並制定了在中原殲滅宋軍的完整方案。塔察兒、速不臺留

第五篇　諸神的黃昏

守華北，宋軍剛剛出發就一直處於蒙軍哨馬的密切監視下。蒙軍剛開始沒有動靜，那正是在靜候獵物上鉤，等宋軍主力都進入中原後，蒙軍決開黃河大堤，阻斷宋軍與後方的連繫，然後大批蒙古騎兵快速插入平坦的華北平原，將宋軍全殲於此！

趙葵派往洛陽的一萬五千廬州兵走在開封和洛陽之間，成為蒙軍第一個攻擊目標。當楊誼率隊抵達洛陽以東僅三十里的龍門時，蒙古鐵騎突然出現了。蒙軍主將是塔察兒麾下猛將劉享安，他橫槊猛衝，宋軍完全無備，又是單一的弩兵，不能結陣，很快被蒙軍衝散。不少人被趕入洛水溺死，楊誼率殘兵逃入洛陽，蒙軍趁勢合圍。城內宋軍得到敗報異常震驚，不但後繼部隊全軍覆沒，而且現在他們自己也已經斷糧，開始採摘野草充飢，這時蒙軍合圍洛陽，還有生還的希望嗎？如果洛陽還是當年那個數百萬人口的大都市，數萬宋軍堅守數日，完全可以等到救援。但現在的洛陽僅僅是一個地理概念，宋軍其實就是站在空地裡，而且沒有任何補給，一天也不能停留，放棄洛陽突圍是這支宋軍唯一的選擇。八月一日，徐敏子集結宋軍，背靠洛水列陣，意圖向東突圍至開封與趙葵會合。

當東方的第一抹晨曦刺透雲層，隆隆的戰鼓也已經敲響，蒙軍向宋軍大陣發起進攻。蒙軍的主要戰術是騎射手快速衝鋒，在敵軍陣前往來射擊，憑這一招就經常把歐洲的重甲騎士打得不知所措。但見識過宋軍弩陣的厲害，蒙軍並沒有盲目衝鋒，而是由步兵持盾在前，掩護後軍推進。蒙軍一度取得優

第一章　最後的征程

勢,將宋軍陣型衝為三塊,但宋軍趕在蒙軍大隊衝上之前頑強的打退了蒙軍前鋒,重新整隊。蒙軍後隊沒有收住,正面衝向宋軍大陣,慘遭神臂弓射擊,死傷無數。第一戰宋軍獲勝,斬首四百餘級,繳獲盾牌三百餘面。

但蒙軍知道宋軍早已斷糧,並不急於進攻,只是擋住宋軍東去的道路。徐敏子重新召集眾將商議,決定改向南往襄陽方向突圍。蒙軍也沒有正面阻擋,而是尾隨邀擊。在一馬平川的豫西平原上,萬餘名斷糧五天的重裝步兵頂著烈日撤離,身後是剽悍的蒙古騎射手不停追殺,何其慘烈?蒙軍追奔數百里,殺傷宋軍十之八九,宋軍多名大將戰歿,徐敏子身負重傷,僅率三百餘名潰兵逃到襄陽。開封的趙葵、全子才得到敗報,急忙班師,轟轟烈烈的「端平入洛」就此收場,宋蒙戰爭正式拉開大幕。

「端平入洛」這個戰略動作基本上是宋理宗一意孤行的結果,後世評價很低,認為是違約招致蒙軍來攻的愚蠢決策。但事實上蒙軍早就做好了滅宋的全盤規劃,有沒有違約根本不重要。宋軍主動進駐河南,將戰略防線前移,增加戰略縱深並沒有錯。只是宋人確實無法想像蒙軍的破壞力那麼強,能將整個中原都變成平地,所以未能堅守。而宋軍與蒙軍正面對抗時也並不吃虧,斷糧才是敗退的根本原因。其實洛陽離京湖制置司的防區非常近,就算豫東的運輸路線被黃泛區所阻,從襄陽運糧卻是可能的。但史嵩之因為和宋理宗賭氣而拒絕出援,如果他遣孟

163

珙率數萬軍護糧赴援，守住洛陽也並不難。當然，史嵩之早就說過京湖饑饉，沒有能力支持北伐，也說明宋理宗確實沒有準備充分，應負主要責任。端平入洛其實是一個正確的策劃，但由於宋朝君臣互不合作、準備不足等種種原因失敗。接下來，宋帝國就要面對更加殘酷，持續四十五年的宋蒙戰爭了。

■ 曹彬、曹瑋的忠烈後代 ■

端平二年，大蒙古國哈剌和林城（今蒙古國後杭愛省厄爾得尼召市）萬安宮竣工，這是蒙古人第一座城市，也就成為首都。定都後窩闊臺汗分派王子率兵向西域、高麗和南宋發起全面進攻。其中，分三路攻宋，王子闊端率西路軍攻四川，王子闊出率中路軍攻湖北，宗王口溫不花率東路軍攻江淮。

中路軍率先進攻唐州，被貶為京湖制置副使的全子才不支逃離，所幸京湖制置使趙範率軍趕到擊敗蒙軍，穩定了局勢。蒙軍繼續進攻棗陽，就在這裡，孟宗政曾讓金軍「士馬折耗十不一寸」，導致了金帝國的全面崩潰。蒙軍初時進攻棗陽也遭到頑強抵抗，直到十月才攻下這座小城。之後中路軍分兩路，闊出自率軍攻襄陽，太師國王塔思攻郢州（今湖北省鍾祥市）。郢州曾是戰國時期楚國國都，瀕臨漢水，地勢非常險要，宋軍有很多水軍駐紮協防，城池也很高大。塔思令製造木筏，遣汶上達魯花赤（相當於殖民地總督）劉拔都兒率死士五百強攻，宋軍

江陵統制李復明率兵迎戰將蒙軍擊退。但宋軍戰船稍有接近對岸，蒙古騎射手就如迅雷般奔出，箭如雨下，李復明戰歿，宋軍損失慘重。但蒙軍仍然無法攻克郢州堅城，塔思大肆劫掠一番後退兵。

闊出一路進圍襄陽，史載趙範用人不當，襄陽守將王旻、李伯洲等日夜宴飲，不理軍政，蒙軍到來則焚燒城郭倉庫投降，無數積存物資盡歸蒙古，趙範也因此被降職。但事實上，闊出自端平二年十月便開始進攻襄陽，次年二月，窩闊臺汗專門派兵增援，三月才攻克。這數月間肯定進行了非常激烈的戰鬥，蒙軍肯定遭到重創以至需要再派援軍，闊出也很可能受了重傷，所以才會在數月後無故死於軍中。現存史料似乎掩瞞了這些戰鬥，而王旻等將雖然最終投降，但既然能在危難之際受命鎮守襄陽，如果說是不務正業的庸才，也不太符合情理。

攻取襄陽後，闊出軍繼續南下，連續攻克荊門等重鎮，進逼江陵（今湖北省荊沙區）。十月，中路軍主帥闊出王子突然薨於軍中，蒙軍以特穆耳岱繼為統帥，繼續進攻。知江陵府李復光戰歿，同時西路軍也攻克成都。理宗這時才後悔端平入洛的輕率，下罪己詔，宰相喬行簡、鄭清之也引咎辭職，又起復在端平入洛行動中抗命而被罷為虛職的史嵩之、孟珙。孟珙立即率軍赴援江陵。

孟珙的兵力比敵軍少得多，但他巧令部將張順變換旗幟和服裝，在江上循環往來，至夜則用火炬沿江照亮數十里。蒙軍

第五篇　諸神的黃昏

以為宋軍大舉來援，心懷悸怖。孟珙趁機進攻，連破24寨，奪回被擄人民二萬餘。中路戰場形勢立變，蒙軍撤離。孟珙在首次與蒙軍的正面交鋒中便以少勝多，大獲全勝，日後成為宋軍抗蒙的旗幟性人物。

東路軍由宗王口溫不花率領，攻城進展不大，只顧大肆劫掠，後窩闊臺汗以察罕代之。察罕到後立即進攻真州，蒙軍首先嘗試突破城上火炮和弓弩的交叉火力網，損失相當慘重，知真州丘岳趁機帶兵出戰，射殺蒙軍主將一人。丘岳知道雙方兵力十倍懸殊，不能力敵，於是在城外設下三重伏兵，待蒙軍重新來攻，伏兵和城頭炮火同時發起，大敗蒙軍。丘岳又派勇士焚燒蒙軍營帳，第二天，東路軍攻勢收斂。

而真正的激戰還在西路戰場。闊端王子率西路軍從鳳州出發，進取四川，任前金軍鞏昌總帥汪世顯為先鋒，攻沔州（ㄇㄧㄢˇ，今陝西省略陽縣）。知沔州高稼認為必須留守沔州，以牽制蒙軍。四川制置使趙彥吶同意他的意見，卻沒有派兵增援。最後蒙軍大舉圍攻沔州，高稼戰歿。趙彥吶急忙派兵屯守川陝交界的青野原，此時曹友聞出場了。

曹友聞是宋初名將曹彬的十二世孫，生年不詳，寶慶二年（西元1226年）進士，累官至武德大夫、左驍衛大將軍、利州駐紮御前諸軍都統制。曹友聞聽說宋軍在青野原被圍，立即單騎夜入，與守將張維動員民兵奮戰，竟然將蒙軍擊退，制置司作了一面「滿身膽」的軍旗給他。曹友聞又散盡家財，募集了五千

忠義民兵，蒙軍反覆來攻，均被曹友聞擊退。

汪世顯分兵進攻大安軍（治所在興元府），曹友聞分遣摧鋒軍統制王資、踏白軍統制白再興速趨雞冠隘（今陝西省寧強縣雞冠山），左軍統制王進據陽平關（寧強縣西北）。剛剛安排好，數萬蒙軍突然出現在陽平關。曹友聞親率帳軍、背嵬軍奮力迎戰，左右馳射，將蒙軍擊退。曹友聞對部下說：「敵軍必然立即回攻雞冠隘，應該馬上救援。」果然大隊蒙軍攻向雞冠隘，曹友聞採用騎兵居中、步兵張兩翼的陣型，激戰蒙軍。關內的王資、白再興也趁勢殺出。兩軍血戰許久，喋血十餘里，最終蒙軍不支退去。曹友聞晉升眉州防禦使，兩個弟弟曹萬（據曹氏家譜記載應該叫曹友萬）、曹友諒也升為總管。宋軍退保仙人關，準備迎接蒙軍的新一輪攻勢。

端平三年九月，經過一段時間休整，闊端王子簽發党項、女真、回回、吐蕃、渤海軍五十餘萬重新來攻，欲將四川一舉蕩平。蒙軍如洪流般衝過漢中平原，進逼興元府。趙彥吶令曹友聞率軍守住大安軍興元府，以保四川入口。但曹友聞的意見和殉國的高稼一樣，認為應該加強對沔州的支援，便可使蒙軍不敢輕易進入四川，而漢中平原正是蒙軍施展騎兵優勢之處，應該主動放棄。趙彥吶可能是因為高稼敗於沔州在前，而且興元府確實也是重鎮，沒有接受這個意見，堅決要求據守興元府。

曹友聞無奈，只好進駐興元府。他認為以寡敵眾，必須夜出內外夾擊，於是制定作戰方案，讓曹萬、曹友諒在城頭立

滿旗幟,以示堅守,自選精銳萬餘趁夜渡江,擇地設伏,約定曹萬先在城下與敵接戰,舉烽火則伏兵殺出。果然蒙軍大至,曹萬背城列陣,八都魯、達海率萬餘人先攻。曹萬率軍浴血奮戰,身中數創,令舉烽火。曹友聞指揮伏兵盡出,分別攻擊蒙軍前、中、後隊,自率精兵三千疾馳至關下。曹友聞先遣保捷軍統領劉虎率五百敢死隊衝擊蒙軍前陣,但沒有成功。曹友聞又在路旁設伏,準備等天黑與城內部隊夾擊敵軍。然而天不襄助,這時居然下起了大雨,「淖濘深沒足」。諸將都請等雨稍停再出擊,但曹友聞道:「敵人已經知道我們在此設伏,稍緩就失去戰機了。」於是擁兵齊進,曹萬在城內聽到,半夜出兵來合,宋軍殊死血戰,流血二十里。

當時川軍多以棉裘代替鐵甲,因為蒙軍騎射手的主要武器是輕弓,棉裘不但輕便而且防箭效果很好,但現在被雨水浸透就既不能防箭也不能防刃。第二天,蒙軍以鐵騎四面圍定,曹友聞仰天長嘆:「此殆天乎!吾有死而已。」牽來座馬殺死,以示必死決心,宋軍將士也無不氣血激昂,怒吼著衝向敵軍。最後萬餘宋軍全部陣亡,史料沒有記載殺傷敵軍的數量,但相信要遠遠超過損失。汪世顯素來景仰曹友聞,雖是手下敗將,卻專門盛禮祭奠,而宋廷特贈龍圖閣學士、大中大夫,諡毅節,立褒忠廟。

宗王宗哥穆直率偏師走當年鄧艾偷渡陰平的路線,沿西路險山進軍。由於宋軍不備,蒙軍順利攻破階州,但在文州(今甘

肅省文縣）遭到激烈抵抗。知州劉銳、通判趙汝曩率軍民七千餘人，堅守七十五天，蒙軍始終無法攻克。宗哥穆直聽說闊端已經攻破仙人關，連忙分兵會攻成都。成都之戰現存史料基本都沒有記載，只說蒙軍先攻破成都，後聽說中路軍闊出王子薨於軍中於是又撤離。但這種說法顯然是站不住腳的。即便是中路軍自己也沒有因為闊出之死而停止進軍，是遭孟珙擊敗後才撤離的，西路軍更不可能因為另一路軍主帥的死而主動放棄攻勢。蒙軍應該是在進攻成都時遭受較大損失而敗離的。

闊端王子離開成都時，將成都「火殺」，就是將城市焚毀，人殺光。當時世界上中國境外最大的城市是亞平寧半島的威尼斯，約有20萬人口，而在中國算第三或第四大城市的成都約有160萬人口，「火殺」後收屍140萬具。之後成都還會由宋蒙兩軍反覆易手，每次蒙軍撤離時都會將城市焚平，這座天府之國的錦繡之都遭到前所未有的浩劫。回軍路上，蒙軍會攻文州小城，劉銳繼續堅守，蒙軍仍然沒有辦法攻克。但前一年因為丟失沔州被貶在文州的前興元都統陳昱偷跑出城降敵，盡告虛實，蒙軍斷絕上游水源，終於攻破。劉銳舉家自盡，趙汝曩被捕後也被殘忍殺害。

曹家將的先輩曹彬、曹瑋生在宋軍很強盛的時代，立下無數戰功，而他們的後人生於宋祚將傾之際，依然挺身血戰，雖戰敗卻無比壯烈。曹家將的最後一戰，曹友聞殺座馬赴戰死，與羅馬帝國偉大的奴隸起義領袖斯巴達克斯選擇了相同的結束

方式,為曹家將的三百年光輝榮耀畫上了最後一道血色的休止符。

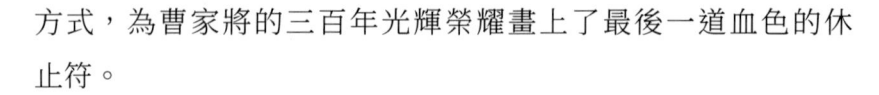

正是:

忠烈長遺十二世,進士捐軀不能辭。

手刃愛馬赴戰死,同殉蓉城百萬屍。

■ 擎天一柱 ■

端平入洛揭開了宋蒙戰爭的大幕,次年蒙軍便發起大規模入侵。雖然宋軍力拒強敵,但自身也走到了非常艱苦的境地,尤其是良將缺乏,孟珙在這個時刻無疑就發揮了擎天一柱的作用。

嘉熙三年(西元1237年),蒙軍再次南侵。窩闊臺汗遣口溫不花、察罕率軍首先進攻光州。宋軍以三千餘艘戰船封鎖江面,漢軍都元帥史天澤率兵奮力衝開宋軍封鎖,攻克光州,旋即攻克復、隨等州,進逼黃州(今湖北省黃岡市)。黃州守軍初戰不利,緊要關頭,孟珙率援軍趕到,突圍入城,軍民喜道:「吾父來矣!」孟珙先將此前逗撓、逃跑的49人處斬以正軍法,然後出示御筆和賞金,安排醫療,苦戰多日的宋軍將士無不感泣,士氣大振。這一段戰鬥史書未詳載,只大致說結果是中路軍被孟珙打退。

蒙軍又轉攻安豐軍（今江蘇省興化市周邊），知安豐軍杜杲準備充分迎戰。杜杲及其子杜庶發明了鵝梨炮、三弓弩砲、排叉木等多種新式武器，大致是可以抵禦蒙軍炮火，並且可以在樓櫓被摧毀後立即修補的器械。蒙軍攻城不克，募集了一批敢死隊，全身裹十餘層牛皮，只露雙眼，發動強攻。杜杲組織一批神射手，用特製小箭頭專射敢死隊眼睛，將其射退。蒙軍又用石料在護城河中填出27道濠壩，宋軍堅守濠壩，奮力將渡濠的蒙軍戰退。而宋軍各路援軍也陸續趕到，池州都統呂文德率先趕到，突圍入城，宋軍士氣大振。繼而余玠、趙葵、夏皋等各路援軍到達，內外夾擊，蒙軍遺屍一萬七千餘具敗退。杜杲因功升任淮西制置副使兼知廬州。

次年九月，秋高馬肥之季，察罕再率大軍號稱八十萬南下，首先進攻廬州，並在巢湖督造戰船，準備進攻江南。蒙軍在廬州城外築起六十里長圍，比城牆還高，用於俯攻。杜杲先派人到長圍下放火，然後用火炮轟擊。兩軍進行了激烈的炮戰，蒙軍的火炮水準畢竟要略遜一籌，敗下陣來。宋軍趁機開城出戰，在城頭炮火的掩護下衝殺蒙軍，蒙軍大敗，被追殺數十里。杜杲又遣呂文德等率水軍扼守淮水，蒙古這一次聲勢浩大的南侵又只得作罷。

嘉熙二年，宋廷授孟珙為寧遠軍承宣使、京湖制置使兼知岳州，詔令收復襄陽。孟珙認為取襄陽不難，守住很難，於是制定了完善的作戰方案和占領襄陽後的經營方略，然後出兵依

第五篇　諸神的黃昏

次收復襄、樊、郢等城並立即整飭城防，河南的息、蔡等州也向宋軍請降。襄陽自古以來便是華中地區的戰略樞紐，孟珙將襄陽營造成一個重要的前沿堡壘。

雖然宋軍在中、東路獲勝，但西路自曹友聞歿後軍勢不振，蒙將塔海並禿雪率大軍攻入四川，如入無人之境。嘉熙三年，蒙軍攻克成都，向東攻克遂寧、進圍重慶，並由汪世顯分兵出夔門準備與河南蒙軍會攻京湖路。孟珙之兄孟璟時任湖北安撫副使兼知峽州（今湖北省宜昌市），忙向孟珙告急。孟珙做為京湖制置使，本職防區是長江中游，但對戰略大局也深有把握，在收復襄陽後又主動出兵收復四川。孟珙先沿長江三峽的地勢布防，遣弟孟瑛、孟璋分別進駐松滋、澧州（今均屬湖南省境內），遏止蒙軍向湖南出兵，又遣於德興率兵守歸州（今湖北省秭歸縣）萬戶谷。這時汪世顯已經攻出萬州，孟璟派兵在歸州拒戰。由於蒙軍其餘幾個出口都被孟珙預先堵死，汪世顯孤軍深入，只好與正在圍攻重慶的徵行大元帥按竺邇會合後退兵，孟珙趁機收復夔州。蒙軍雖攻克成都，但四川路險不便援救，成都平原本身無險可守，於是再次將成都焚平後退出四川。

孟珙一人便擊退蒙軍在四川、京湖兩路進攻，又諜知蒙軍在襄樊以北大量集結，並在鄧州順陽囤積木材，顯然是要造船。孟珙又分析蒙古大軍的軍糧應該囤積在蔡州，立即採取行動。孟珙先派人襲擾蒙軍後方，吸引注意力，緊接著遣部將王堅突襲順陽，焚毀木材，又遣張德、劉整分兵入蔡，焚毀積

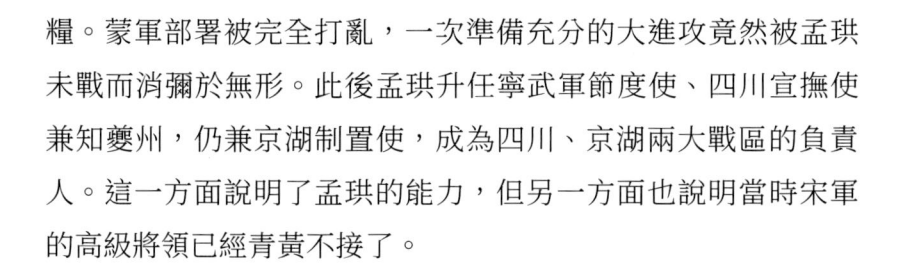

糧。蒙軍部署被完全打亂,一次準備充分的大進攻竟然被孟珙未戰而消彌於無形。此後孟珙升任寧武軍節度使、四川宣撫使兼知夔州,仍兼京湖制置使,成為四川、京湖兩大戰區的負責人。這一方面說明了孟珙的能力,但另一方面也說明當時宋軍的高級將領已經青黃不接了。

■ 喘息之機 ■

嘉熙四年,蒙軍又紛紛南下,汪世顯再次攻克成都,窩闊臺汗趁勢遣達魯花赤月里麻思為使與宋議和。但這一次宋廷卻出奇強硬,扣押了月里麻思,拒絕議和。這位月里麻思也堪稱豪傑,宋人許以富貴毫不心動,被囚於長沙飛虎寨 36 年而卒,堪稱蒙古蘇武。後元世祖賜其子忽都哈思為答剌汗,東征日本時戰歿,是蒙古(元)為數不多的滿門忠烈。

淳祐元年(西元 1241 年),窩闊臺汗駕崩,享年 55 歲,在大汗位 12 年,元世祖追贈廟號元太宗。窩闊臺汗崩時,大蒙古國透過「長子西征」,擊敗了俄羅斯、匈牙利、波蘭和波斯等國,只有進攻南宋始終不利。窩闊臺汗遺囑由闊出之子失烈門繼位,但年齡太小,暫時由其妻脫烈哥那攝政,史稱乃馬真哈敦(哈敦相當於皇后)。但 5 年後乃馬真哈敦立其子貴由為大汗,在位 3 年而崩,元世祖追贈廟號元定宗。這一段時間蒙古戰線拉得過長,更重要的是,游牧民族每一位領袖去世,都意

第五篇　諸神的黃昏

味著新一輪的內鬥開始。貴由汗曾率兵西征金帳汗國，不過崩於途中，避免了蒙古的一次嚴重內耗。貴由汗崩後，其妻海迷失哈敦攝政。此時闊出之子失烈門、拖雷之子蒙哥、貴由之子腦忽、忽禿黑展開了激烈爭奪，3年沒有選出新的大汗。這一段時間蒙古非常混亂，而且沒有留下史料，《元史》只能以一句「行事之詳，簡策失書，無從考也。」來交待。南宋也獲得了寶貴的喘息之機，對自身進行了調整。

　　四川是南宋的三大防區之一，也是最重要的上游屏障和經濟支柱，但曹友聞歿後戰績非常糟糕，川軍早已不復當年吳氏兄弟的威風。淳祐二年，宋廷以大理少卿余玠為兵部侍郎、四川安撫制置使兼知重慶府。當時四川大部分地區包括成都都已淪陷，余玠此去既要重振川軍，更要先收復失地。赴任前余玠慨然對理宗保證：「手挈全蜀還本朝，其功日月可冀」。孟珙也支援了六千軍、十萬石軍糧隨余玠入川。蒙軍不能在成都平原上堅守，於是又焚平成都，退出四川，恢復此前穩固的川陝邊界。在余玠之前16年間，四川換了三名宣撫使、九名制置使、四名副使主持工作，有的昏庸無能，有的在任太短，四川軍政日益敗壞。余玠到後，人心初定，開始大力整飭。余玠最重要的工作是深入研究四川的地形，在險要處築城，以使蒙軍不敢輕入。尤其是合州（今重慶市合川區）釣魚山，最為形勝，「賢於十萬師遠矣，巴蜀不足守也。」隨後余玠又築青居、大獲、釣魚、雲頂、天生等十餘城，都是因山為壘的險要，將郡守都遷

徙至城寨中,囤積物資,這些城寨尤其是釣魚城後來都成為抗蒙戰爭的中堅。

在余玠的治理下,四川恢復了元氣,在與蒙軍作戰中屢屢獲勝。蒙軍多次突入四川劫掠,在余玠的打擊下往往得不償失。中路的孟珙更是隻手遮千里,不但在京湖戰區屢敗蒙軍,還經常馳援川東、淮西,威風八面。面對京湖戰區的蒙古河南行省人心惶惶,「降者不絕」,甚至領行省事范用吉(女真族,原名孛術魯久住)也祕密連繫孟珙請降,但宋廷沒有同意接受。當時孟珙已病重,嘆道:「三十年收拾中原人,今志不克伸矣。」以檢校少師、寧武軍節度使致仕。淳祐六年(西元1246年)九月,漢東郡公孟珙薨,享年51歲,累贈至太師,封吉國公,諡忠襄,立威愛廟。孟珙滅金抗蒙,無疑是南宋後期最耀眼的一顆將星,雖名氣遠遠不及岳飛,但如果論戰績,未必在岳飛之下。

而余玠的下場比孟珙要慘一些,他雖累官至資政殿學士、四川制置大使,但在任上因為工作關係得罪了下屬的雲頂山統制姚世安。姚世安聯合宰相謝方叔等對抗余玠,余玠鬱鬱不樂。寶祐六年(西元1258年),余玠聽說要召他入朝,非常不安,一天晚上突然就死了,有人說是服藥自盡。「蜀之人莫不悲慕,如失父母。」余玠的生年、贈、諡均不詳。

在蒙古窩闊臺汗崩後十年間,蒙古陷入內亂,南宋也獲得了寶貴的喘息之機。但隨著孟珙、余玠這兩位旗幟性名將的去

世，宋軍其實也並不樂觀。而蒙哥汗（元憲宗）繼位後，蒙古卻走出調整階段，進入新一輪強盛期。宋軍也將迎來更加殘酷的新挑戰。

第二章
力敵大半個地球的壓迫式進攻

■ 恐怖的戰略大迂迴 ■

　　古代中原王朝的主要防禦方向是北方草原，南方潮熱地帶不能產馬，從來沒有出現過能夠威脅中原的敵手，往往被忽視。元豐年間交趾突擊廣西，當地幾乎沒有抵抗能力，被攻克邕州後才從陝西調兵平定。就南宋而言，宋軍依託長江，沿秦嶺──淮河布防，秦嶺以西是青藏高原，淮河以東是海洋，一般不考慮游牧民族能從這兩個方向突破。南宋沒有沿秦嶺──淮河修築長城，而是以點控面，在四川、京湖、江淮三大軍區的各大重鎮屯駐重兵，透過野戰或守城戰退敵。偶爾也有人嘗試過繞開這些兵鎮直接突入後方，但這是極不明智的做法，因為貿然進入宋境，一旦被截斷歸路很容易被全殲。完顏兀朮曾急功冒進，深入江淮，結果被韓世忠阻在黃天蕩幾乎送命。所以入侵者必須依次掃平宋軍沿途的軍事重鎮，一步一個腳印的進攻。

　　但宋軍這條綿延千里的防線雖長卻並不容易突破，否則南

第五篇　諸神的黃昏

宋就不會存在那麼久了。從中原直接進攻江南其實非常困難，赤壁之戰、淝水之戰就是典型。歷史上秦滅楚，晉滅吳，隋滅陳，包括宋滅南唐，都是先占據長江上游，然後順江而下，與北方陸軍會攻江淮。所以女真、蒙古的戰略都是先攻四川、京湖次之、江淮再次。蒙古屢次進攻四川均以慘敗告終，雖然在曹友聞歿後開啟了川北鎖陰，但宋軍在川東布防也非常嚴密，蒙軍即使能暫時攻入成都平原，也無法防守，又只能退出四川。余玠經營四川後，蒙軍攻占巴蜀的希望更加渺茫，但蒙古人是不會就此罷休的。

完顏亮曾嘗試從江淮以東的海路包抄，但水準差距太大，艦隊剛剛出港就被全殲。蒙古人顯然不會考慮這個辦法，但他們想出了一個更奔放的辦法：從四川以西的青藏高原包抄！

青藏高原的氣候非常惡劣，連居住都困難，更不要說長途行軍了，所以一般不會想到有人敢走這條路。但也並非沒有先例，唐朝安西都護府都知兵馬使高仙芝為避開阿拉伯帝國下屬各蕃部的沿途阻截和情報網，率萬餘漢軍翻越蔥嶺（帕米爾高原），與唐帝國下屬蕃部會合後直插怛羅斯（今哈薩克江布林城）。現在蒙軍也準備從青藏高原繞開四川防區，攻占四川西南的大理國（大致相當於今日的雲南省），對南宋形成更大的迂迴包抄戰略態勢。南方宋軍和大理軍戰鬥力都不強，只要蒙軍能夠成功抵達目的地，包抄就算成功，勝利的天平就將嚴重傾向蒙古一方。

貴由汗崩後，蒙古諸王內鬥非常激烈。按窩闊臺汗遺囑，

第二章 力敵大半個地球的壓迫式進攻

應該由其愛子闊出之子失烈門繼位，貴由汗的兩個兒子也都很有資格，但事實上，實力最強的卻是拖雷的長子蒙哥。拖雷系長期經營漢地，實力有了長足進步，更得到朮赤之子拔都的鼎力支持。淳祐十一年（西元1251年），蒙哥在忽里勒臺大會上被選舉為新的大汗。

蒙哥汗繼位後，失烈門等三王不服，後被蒙哥汗鎮壓，處決了包括海迷失哈敦在內的七十餘名貴族。蒙哥汗又實施了一些類似於漢式帝國的制度，加強中央集權。蒙哥汗還在燕京以北三百里左右營造新都，名為上都開平府（今內蒙古自治區多倫縣）。蒙古在經過一段時間混亂後，調整到位，又創新高。更重要的是，蒙哥汗遣其弟忽必烈率速不臺之子兀良合臺等部翻越青藏高原，繞開四川防區，用了約四年時間攻占大理，完成了對南宋的戰略大包抄。僅從軍事角度講，這確實是一件令人欽佩的壯舉，相比之下，拿破崙翻越阿爾卑斯山根本不足為奇。

現在宋帝國要面對的早就不是一個小小的蒙古部落，而是一個橫跨亞歐、前所未有的超級帝國。前三個對手國力都比自己弱，但蒙古配置戰爭資源的能力卻遠遠強於自己。蒙古軍中包括了蒙古、漢、女真、契丹、回回、突厥乃至雅利安、高加索人種，而且都是徵兵，不要錢。兵種既有輕捷的蒙古輕騎，又有精壯的女真重兵，還有漢族的工程機械和火藥武器，以系統工程進行組織管理。這樣一臺薈萃了大半個地球各路資源的超級戰爭機器，正向筋疲力盡的南宋隆隆開來。

第五篇　諸神的黃昏

■ 拯救地球的釣魚城 ■

　　順利攻占大理，完成大迂迴包抄後，蒙哥汗立即發起進攻。寶祐六年（西元 1258 年），蒙軍分四路侵宋：塔察兒攻鄂州，後因失利由忽必烈取代；兀良合臺從雲南北上，計劃於次年在潭州（今湖南省長沙市）會師；蒙古軍諸翼都元帥也柳乾等將攻江淮做為牽制；蒙哥汗親率十萬大軍入蜀，計劃幾路在鄂州會師後再一起殺向杭州。但事實上忽必烈、兀良合臺兩路很晚才出兵，此戰主要就是蒙哥汗親征四川。

　　進攻四川的蒙軍主力分三路入蜀，蒙哥汗自率主力由隴州入大散關，宗王莫哥由洋州入米倉關，萬戶孛里義由魚關入洮州。宋廷也詔令京湖制置使馬光祖移司峽州，六郡鎮撫使向士璧移司紹慶府（今重慶市彭水自治縣），以策應川軍。蒙哥汗剛剛入蜀就在苦竹隘（今四川省劍閣縣以北）遭到頑強抵抗。蒙哥汗親自督戰，各部蒙軍輪番進攻，就是無法攻克這個小關。蒙哥汗讓俘虜張實進城招降，但張實一進城就與守將楊立一起堅守，把蒙哥汗氣得直跺腳，宋廷特授張實和州防禦使。但宋軍各路援軍和糧隊均被汪世顯之子汪德臣率軍擊退，最後關內糧盡，裨將趙仲武偷開城門，蒙軍才終於進入。楊立仍率軍巷戰，壯烈殉國，蒙軍抓住張實後將其肢解。

　　突入川內的蒙軍在成都平原上勢如破竹，駐紮在重慶的四川制置使蒲擇之遣統制劉整等率軍反攻占領成都的蒙軍。但這

第二章　力敵大半個地球的壓迫式進攻

一次蒙軍再不像以前一打就跑,這一次來了就沒打算走了,而是奮起反擊,宋軍敗退。蒙軍又趁勢攻占東、西川連線地遂寧府。現在蒙軍占據川西,宋軍占據川東,若是以往蒙軍不會長期留在川內,但這一次卻主動進攻川東。蒲擇之屢戰屢敗,甚至被蒙水軍從嘉州(今四川省樂山市)出發,衝過重慶,進入涪州(今重慶市涪陵區)。宋廷詔以樞密使賈似道為京湖、四川宣撫大使,全面負責長江中上游軍事;以保康軍節度使呂文德為四川制置使兼湖北安撫使,到重慶接替蒲擇之。賈似道是孟珙臨終前推薦接替自己的人才,後來成為權相,被《宋史》列入〈奸臣列傳〉,但他在前期指揮抗蒙確實發揮了很大作用。

蒙軍進攻川東,首選目標就是當年余玠專門修築的合州釣魚城。蒙哥汗先遣使勸降,左領軍衛上將軍、興元府駐紮御前諸軍都統制兼知合州王堅斬殺來使,以示堅守到底的決心。蒙哥汗大怒,率大軍進圍釣魚城,並遣都元帥紐璘在涪州造浮橋,沿江紮營數十里,以切斷四川、京湖兩大戰區的連繫。

合州的地勢和重慶非常類似,位於嘉陵江、渠江和涪江交會處,城區如一條長蛇被包圍在幾條大江中,實為半島地形,只有一條狹長的小路連線陸地。而這個半島同時也是一座小山,所以防守方自然就占據了居高臨下的絕佳射擊位置。守軍只需堵住連線陸地的小路,攻方如果要從江面上突破,則完全暴露在守軍炮口之下,如果從陸路進攻,一條狹長的小路也是絕佳射擊區間。所以,合州,包括下游的重慶在古代都是天生形勝

第五篇　諸神的黃昏

之處，極其易守難攻，而余玠事先在城中囤積的大量物資也讓王堅有了足夠的底氣堅守。

蒙軍從開慶元年（西元 1259 年）正月開始攻城，連續數月猛攻沒有任何進展。而賈似道移司峽州，呂文德、向士璧等率軍猛攻涪州，激戰七十餘日，終於大敗紐璘，衝破涪江浮橋進入重慶。《元史》稱紐璘大敗呂文德，但又撤兵讓其通過，顯然是不合理的。呂文德立即率艦隊溯嘉陵江而上救援合州，蒙軍連忙阻截，但初戰不利。蒙哥汗急調五路萬戶史天澤率軍阻截，史天澤精於水戰，將艦隊分作兩翼，順流而下，擊敗呂文德，追擊至重慶。

雖然外援盡失，但釣魚城沒有任何鬆動，蒙哥汗雖多次親自督戰，但蒙軍損失越來越大。有一次汪德臣率精兵趁夜登上外城，中軍統制張珏（ㄐㄩㄝˊ）率兵仰攻，激戰至天明，蒙軍不支退下。汪德臣單騎到城下喊話：「王堅！我來是為了存活你一城軍民，要早降。」話音未落，一顆砲彈擦著汪德臣的臉頰飛過，這位蒙軍首屈一指的猛將竟然驚嚇過度，死了。宋軍又發炮摧毀了蒙軍攻城器具，天又下起大雨，蒙軍只好狼狽退去。

按說這種圍城戰一般是守方缺乏補給，所以被攻方困死，但釣魚城之戰卻恰恰相反，圍城的蒙軍補給開始困難。進入夏季，北方來的人、馬都耐不住熱，開始生病。宋軍在城頭扔下大量活魚、麵餅並致書道：「你們烹鮮食餅，再守十年，也不可得。」體現了高度樂觀的革命精神。蒙哥汗無奈，七月，留三千

第二章　力敵大半個地球的壓迫式進攻

兵圍釣魚城，大軍轉攻重慶。然而就在這個時刻，蒙哥汗突然駕崩了！

是的，席捲亞歐，滅國無數的大蒙古國大汗突然死在了四川合州釣魚城下！

在西方曾流傳著一個故事：蒙古西征大軍到達裏海邊時，只見一片汪洋，於是找當地人問路。一位聰明的牧人告訴蒙古人這裡就是世界的盡頭，於是蒙古人就回去了，所以西歐就得救了。這個故事即非史實又不符合情理，不過很長一段時間內，確實是西歐人對蒙古人無故突然退兵能做出的唯一解釋。而事實的情況是蒙哥汗突然崩於釣魚城，蒙古諸王為爭奪汗位陷入內鬥，所以戰線全面收縮。後來得知原委，西方人感嘆是釣魚城這座川東小城拯救了世界。

蒙哥汗崩後，史天澤等護送靈柩北返，路上逢人便殺，殺了兩萬多人，回到漠北。但蒙軍沒有放棄成都，而是在成都設都元帥府，與宋軍形成了東、西川對峙的局勢。微妙的是除江淮戰場上用於牽制的蒙軍外，兀良合臺和忽必烈兩路直到蒙哥汗親率的這一路苦戰九個月兵敗撤返之後才啟動。

進攻江淮的蒙軍損失很大，遭到名將杜杲之子知揚州杜庶的打擊，主帥也柳干戰死，大將孛花被俘。蒙哥汗又調割據山東的漢族軍閥李璮（ㄊㄢˇ）進攻淮東，宋廷遷杜庶為兩淮制置使，又擊敗李璮。這一路不但損失慘重，也沒有發揮牽制作用，許多宋軍從兩淮調往上游赴援。兀良合臺沒有直接進攻湖

第五篇　諸神的黃昏

南，而是去進攻安南（今越南北部）。《元史》稱蒙軍大勝，但兀良合臺又撤走，而且從後來宋廷給安南國王升官來看，蒙軍應該是吃了敗仗。

最奇怪的就是忽必烈這一路，忽必烈是後來才接替塔察兒上任的，動作慢得出奇。蒙哥汗七月崩於釣魚城，忽必烈八月才渡淮，九月才進攻。現在流行的說法是忽必烈九月初一才接到宗王穆哥從合州傳來蒙哥汗已崩，要他趕緊回哈剌和林爭奪汗位的消息。忽必烈覺得不能直接回去，要先打一場勝仗做為撈取汗位的資本，於是向鄂州進攻。鄂州守軍始終堅守，十一月賈似道才得到擊斃蒙哥汗的消息，但卻並不奮起反擊，而是遣使求和，願意割讓長江以北的土地，並稱臣納貢。但忽必烈妻弘吉剌氏派人疾馳至鄂州軍前，要求忽必烈必須馬上回去，所以使者正在談判時，忽必烈突然撤兵才沒有談成。此說見於《宋史　賈似道傳》，現代史評大多採用以上說法，但很顯然這並不是事實。

首先，蒙軍並未保密蒙哥汗駕崩的消息，遠在臨安的宋廷在八月十四日便得到消息，忽必烈、賈似道不可能那麼晚才得到消息。其次，即使忽必烈急於北回爭奪汗位，也沒有必要全軍撤退，蒙哥汗一路尚在成都駐軍，忽必烈也應該駐軍以防宋軍邀擊。再次，所謂的「鄂州和談」完全不符合情理，很可能根本就是子虛烏有，是元人編寫《宋史》時對抗蒙名將賈似道的汙衊。

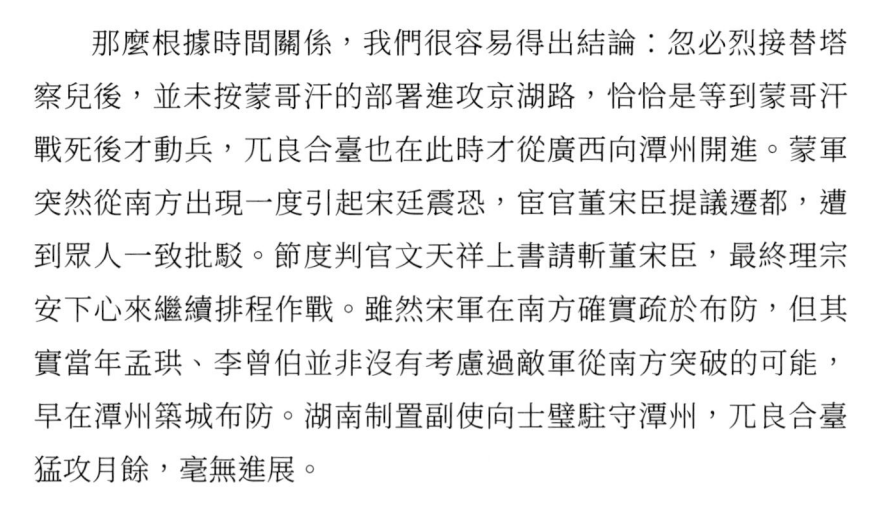

第二章　力敵大半個地球的壓迫式進攻

　　那麼根據時間關係，我們很容易得出結論：忽必烈接替塔察兒後，並未按蒙哥汗的部署進攻京湖路，恰恰是等到蒙哥汗戰死後才動兵，兀良合臺也在此時才從廣西向潭州開進。蒙軍突然從南方出現一度引起宋廷震恐，宦官董宋臣提議遷都，遭到眾人一致批駁。節度判官文天祥上書請斬董宋臣，最終理宗安下心來繼續排程作戰。雖然宋軍在南方確實疏於布防，但其實當年孟珙、李曾伯並非沒有考慮過敵軍從南方突破的可能，早在潭州築城布防。湖南制置副使向士璧駐守潭州，兀良合臺猛攻月餘，毫無進展。

　　忽必烈則與張柔會攻鄂州，鄂州之戰也非常慘烈。宋廷最初判斷釣魚城之戰後蒙軍將全部撤離，未料忽必烈反而在這時動手，急忙將企圖隱匿消息的右丞相兼樞密使丁大全罷免，以吳潛為左丞相兼樞密使，賈似道為右丞相兼樞密使，仍兼京湖、四川宣撫使，調兵會戰。呂文德立即從重慶赴援鄂州，賈似道移司黃州，後親自入鄂指揮。忽必烈也移駐龜山（今已在武漢市區內）指揮，鄂州城牆多次被攻破但又被宋軍立即修復，賈似道還在一夜之間築起一道木柵做為夾牆。忽必烈也對賈似道讚賞有加，對部下道：「吾安得如似道者用之？」到十一月，宋軍傷亡超過一萬三千人，但仍然英勇堅守，而且各路援軍還在不斷趕來。蒙軍雖然勢大，但此時連遭重創，士氣低落，而且還有被人在後方稱汗的危險。幾位漢臣向忽必烈分析了局勢後，忽必烈無奈，於十二月初撤圍北返，留張柔等部接應兀良

第五篇　諸神的黃昏

合臺。兀良合臺撤圍潭州,率騎兵快速穿越,在張柔的接應下回到河南,這一次壯觀的大包抄其實並未發揮實際作用。

忽必烈的行為非常反常,蒙哥汗此次親征其實也大有深意,如果我們不稍加仔細思考,很容易與真相失之交臂,更何況這其中隱藏著人類歷史的一次重大轉折。

忽必烈雖然在擁立蒙哥為大汗的過程中立下大功,但當初是拖雷系團結起來和窩闊臺系爭奪汗位,爭到之後就該互相競爭了,這也是部族政體的常理。蒙哥汗有三個同母的弟弟,即位後以二弟忽必烈分管中原,三弟旭烈兀西征,四弟阿里不哥留守哈剌和林。蒙古從成吉思汗開始就始終堅持蒙古本位,喜好西方文化,時刻提防漢文明會對他們產生同化。蒙古諸王中唯獨忽必烈有明顯漢化傾向,身邊有許多漢儒智囊。更重要的是由於他對中原的成功治理,威望日隆,而蒙哥汗本人長期留駐漠北,威望卻有所下降。所以蒙哥汗不得不進行一次大規模親征,以改變這種趨勢。而蒙哥汗在釣魚城陷入苦戰時忽必烈遲遲不肯出兵配合,說明他心中早有算盤。他的設想應該是蒙哥汗在四川戰場打個敗仗,然後他在兀良合臺的配合下在京湖戰場打個大勝仗,兩人的威望就會此消彼長,所以就不難理解他為什麼要等到蒙哥汗兵敗後才出兵鄂州,至於兀良合臺很可能是與他合謀。

當然,蒙哥汗戰死以及自身也戰敗就很出乎忽必烈的意料了,他只能在戰敗後匆忙趕回上都爭位。而旭烈兀剛剛攻克巴

第二章　力敵大半個地球的壓迫式進攻

格達,滅亡了阿拉伯帝國阿拔斯王朝,占領阿拉伯、伊朗(波斯)全境,此時正在進攻埃及帝國馬穆魯克王朝的藩屬國敘利亞。得到蒙哥汗駕崩的消息,旭烈兀以部將怯的不花留守大馬士革,自己急忙東返。

由於忽必烈的漢化傾向,蒙古各部都不支持他,而擁護留守和林的幼弟阿里不哥。蒙哥汗近臣阿藍答兒甚至率兵進逼距上都僅百里處,所以弘吉剌才會急召忽必烈北返。按中立方《史集》記載,阿里不哥在景定元年(蒙古中統元年,西元 1260 年)三月召開忽里勒臺大會,被選舉為大汗。五月,忽必烈在上都開平府即位,稱薛禪汗,建元中統,為閱讀方便,我們仍稱其為忽必烈汗。按《元史》說法,阿里不哥在五月才被選舉為大汗,略晚於忽必烈汗,不排除這是元代史官的細節處理。之後忽必烈汗和阿里不哥汗展開了長達五年的激戰。旭烈兀得到這個消息,同時得知怯的不花軍被馬穆魯克將軍拜伯爾斯率軍全殲,於是不再東返,回到伊朗指揮作戰,後被元世祖冊封為伊兒汗。而拜伯爾斯篡位馬穆魯克蘇丹後,聯合朮赤系親伊斯蘭的欽察汗國與旭烈兀系親基督的伊兒汗國開戰。蒙古陷入前所未有的激烈內鬥,在全球的攻勢都暫時收縮。

之後蒙古西進的勢頭得到遏止,當時西歐正處於封建小國林立的狀態,又剛經過幾次十字軍東征,實力很弱,眼見東方的花剌子模、阿拉伯等大國被滅,完全沒有信心抵抗蒙古人的攻勢,基督教教義中的「世界末日」似乎就要來到。然而就在這

個緊要關頭，蒙古人卻突然放棄攻勢，為希臘——羅馬文明存留了火種，說來這一切都是因為蒙哥汗死在釣魚城下引起的，所以西方人稱釣魚城拯救了世界。但是，西方文明獲得了拯救，代表華夏文明的南宋呢？

福兮禍所依，禍兮福所伏。擊斃蒙哥汗這件無比光榮的戰功對於宋人而言卻未必是一件好事，一個重大的轉折恰恰在此發生了。

■ 錯失中興良機 ■

忽必烈汗北返後一直忙於和阿里不哥汗作戰，並且遭到全蒙古的反對，於是主動向宋廷遣使求和。在漢族謀士的主持下，忽必烈一改盲目侵掠的風氣，維持宋蒙疆界穩定，還開設了榷場貿易。而割據山東的漢族軍閥李璮以山東之地向宋廷投降，被封為保信寧武軍節度使、齊郡王。李璮是當年在宋、蒙、金之間反覆的李全的養子，金末自立，後降宋，之後又降蒙，一直割據山東一帶，現在又降宋，宋廷還追復了李全的官職。當然，李璮絕非真心歸順，而是企圖利用宋蒙交惡保持自己獨立的地位，所以宋廷也沒有大力幫助他。忽必烈調兵討伐李璮，初戰不利，後調中書右丞相史天澤為帥，調集各路大軍圍困濟南，終於將李璮擒殺。宋軍趁機北伐，一度收復山東不少州郡，但無法防守，又很快放棄。

第二章　力敵大半個地球的壓迫式進攻

　　現在整體局勢對宋非常有利，然而賈似道也變了。賈似道是孟珙臨終推薦的接班人，前期指揮作戰確實立下大功，但入相後卻開始玩弄權柄。景定五年（西元 1264 年），宋理宗駕崩，享年 59 歲，在位 40 年。理宗崩後其姪皇太子趙禥（ㄑ一ˊ）繼位，即為宋度宗。賈似道更加炙手可熱，咸淳三年（西元 1267 年）進太師、平章軍國重事，成為繼秦檜、韓侂冑、史彌遠之後的又一位權相。賈似道專權後作了兩件壞事改變宋蒙之間的力量平衡，相當程度上導致宋朝的最後滅亡。

　　一、無故扣押忽必烈汗派出的使者郝經。郝經到南宋通報忽必烈汗即位的情況，賈似道將其扣押達 16 年之久，後來這成為忽必烈汗侵宋的理由。雖說這不是實際上的主要理由，但郝經向宋廷上表乞求放歸時一再宣告他此來僅為通報忽必烈汗即位之事，絕無他意（《宋史‧賈似道傳》上所言的「且徵歲幣」應係捏造）。而且忽必烈汗多次放歸抓獲的宋方間諜，可見忽必烈汗確實是有心與南宋交好，正是賈似道的強硬態度，在相當程度上促使了後來忽必烈汗調整對宋戰略，扣押郝經只是一個代表性事件。

　　二、實施「打算法」，促使劉整降蒙。賈似道對許多他不喜歡將領進行經濟審計，千方百計的挑出毛病便加以迫害。名將向士璧、曹世雄乃至釣魚城的英雄王堅都被迫害，資歷相對較淺的潼川路安撫使兼知瀘州軍事劉整更加惶恐，最後向蒙古投降。本來蒙古方不相信宋將會無故投降，但成都路軍民經略

第五篇　諸神的黃昏

使劉黑馬卻深信不疑，接受了劉整投降。劉整智勇雙全，精於水戰，更重要的是他力勸忽必烈汗伐宋，指出：「自古帝王，非四海一家，不為正統。」促使忽必烈汗確定要做中國正統，統一中國全境。劉整還制定了先攻襄陽，訓練水軍的戰略，使宋蒙戰略局勢發生根本性逆轉。現代宋史權威王曾瑜老師認為，元帝國之所以能滅宋，劉整是比元世祖、伯顏更關鍵的人物。如果不是劉整，元世祖未必會，更未必能滅宋。尤其是襄陽之戰陷入膠著，元世祖已經準備放棄攻宋，呂文德卻突然病卒，才被劉整攻克。不久劉整自己也病卒，有人認為如果劉整早死兩年，或者呂文德晚死兩年，元軍鐵定退兵，就永遠失去滅宋的機會了。

蒙哥汗崩後蒙古陷入最嚴重的一次內戰，而且由於連年攻宋損失慘重，基本放棄了侵宋。這本是南宋自我調整的大好機會，但由於賈似道擅權用事，葬送了大好局面。而且宋軍的腐敗問題也日益嚴重，將領侵吞軍餉成為常態，士卒待遇極差。宋朝不施徵兵制而施募兵制，靠高額薪資吸引百姓參軍，現在這種情況就沒有人願意參軍了，很多部隊不滿員，宋軍戰鬥力嚴重下降。相比之下，忽必烈汗堅定推行漢制，雖然漢化程度不大，但終歸有一些進步。

咸淳七年（元至元十三年，西元 1271 年），忽必烈汗即皇帝位，國號「元」，忽必烈即為元世祖。元世祖遷都大都（今北京），以漢制追贈成吉思汗等歷代大汗「元太祖」等廟號，確立

第二章　力敵大半個地球的壓迫式進攻

了一個名義上的漢式帝國，準備取得中華帝國的正統傳承，為滅宋作了最後的輿論準備。關於元帝國和大蒙古國的關係，應該是「一個團隊，兩面招牌」，皇帝、大汗都是一個人，對漢民是大元皇帝，對西方諸汗則是蒙古大汗。

在確定漢化路線，尤其是建立元帝國後，蒙古（元）的實力有了質的飛躍。元帝國初步解決了部族政體容易內鬥的問題，西方諸汗國仍然是越分越多，越多越內鬥，忽必烈一系內鬥相對就要少得多。而且元世祖一改蒙古人以往只攻不守、只掠奪不經營的風格，初步培養起領土意識，在宋元邊境上大量屯田，既恢復生產，也建立起常規戰備。強大而且基本規範的金帝國尚且不能滅宋，反而被南宋所滅。如果蒙古還要堅持部族政體的話，既不會決心滅宋，也不能長期保持穩定，很可能會像五胡亂華中的某個部族一樣，曇花一現，然後淹沒在中原的浪潮中。只有忽必烈──蒙古貴族中唯一一個決心漢化的人當了大汗，才會有後來的元帝國，才會決心滅宋，也才有能力滅宋。而他能當上大汗的前提也必須是蒙哥汗無遺囑意外駕崩，所以說，宋軍擊斃蒙哥汗，拯救了西方文明，卻未必是拯救了自己。

當然，已經享過三百年國祚的大宋王朝，已經超過了中國歷史上任何一個朝代。雖然通過了一次又一次的考驗，但該來的終究要來，那麼，何不讓它來得更加猛烈，讓我的生命化做最為絢爛的煙花，照亮萬卷史冊呢？

第三章
最後一位堅強的守護者

■ 襄陽破 ■

忽必烈汗決心滅宋後，雙方進行了一場曠日持久的圍城戰，極大的影響了歷史走勢，這就是著名的襄樊之戰。

襄陽、樊城是一對雙子城，隔漢水相望，合稱襄樊，是漢水上游的第一個堡壘，是控制中原與江漢平原的要衝，歷來是兵家必爭之地。岳飛、孟珙等名將都非常重視修築襄樊城防，在對金、蒙作戰中發揮了橋頭堡的作用。宋廷以呂文德為京湖制置大使兼知江陵府，呂文德則以其弟呂文煥為京西安撫副使兼知襄陽府。

忽必烈汗接受劉整的建議，先攻襄陽，控制京湖路，切斷四川和江淮的連繫，再取江淮。蒙古做好了長期圍困襄陽的規劃，為此進行了一場浩大的準備工程。

首先設立江淮、江漢兩個大都督府，對位宋軍兩淮、京湖制置司；在成都設立行省、都元帥府，對位重慶的四川制置司。後江淮大都督李瓊降宋，平定後改為山東路統軍司，直屬中央

第三章　最後一位堅強的守護者

管轄。之後劉整為蒙軍建設了一支 5,500 艘船、7 萬餘人的龐大水軍，是形勢變化的一個關鍵點。

其次在襄陽周邊要隘修築城堡，是為到時候長期圍城打援做準備。

然後在全國調配物資和財政，做好了長期作戰的充分準備。襄樊之戰歷時近六年，是戰爭史上罕見的持久戰，蒙（元）數十萬大軍的裝備、後勤物資源源不斷的運來，馬匹輪流到山西馬場就醫、輪休。顯然，一個沒有高超管理工程技術的游牧民族是不可能做到的，現在南宋所面對的蒙古（元），早已不是那個在草原上游擊的馬背民族了。

咸淳三年（元至元四年，西元 1267 年）秋，兀良合臺之子阿朮率騎兵試攻襄陽，在城西安陽灘被宋水軍所阻。宋軍趁機出騎兵衝殺，蒙軍大敗，阿朮在亂軍中墜馬，險些被擒，後奪船狼狽逃回。咸淳四年六月，忽必烈汗以征南都元帥阿朮為蒙古軍都元帥，昭武大將軍、南京路宣撫使劉整為漢軍都元帥，進圍襄樊。壯烈的襄樊保衛戰就此展開。

蒙軍選擇了穩妥的圍城打援戰術，並不急於攻城，而是「連珠紮寨，圍數十里不得通。」準備困死孤城，此前修築的城堡也都發揮了重要作用。呂文煥首先嘗試打破包圍，率兵出城攻擊蒙軍諸寨，阿朮率兵奮力抵抗。激戰後宋軍未能打破包圍，退回城內，呂文煥向京湖制置司和宋廷報告軍情請援。宋廷以夏貴為沿江制置副使兼知黃州，調集沿江諸軍會同京湖路軍救援

第五篇　諸神的黃昏

襄陽。但蒙軍早有準備,堅守要衝城寨,將援軍擋在城外。

咸淳五年初,忽必烈汗遣中書左丞相、樞密副使史天澤偕同駙馬忽剌出、同簽書河南行省事阿里海牙到前線督戰。史天澤下令在襄陽城外幾座大山之間築起數十里長圍,將襄陽完全包裹起來,之後又不斷調兵前來參戰。宋軍也積極救援,三月,京湖都統張世傑率兵救樊城,在遠郊赤灘浦小勝阿朮。五月,呂文煥再次率軍突圍,仍沒有成功。六月,荊鄂都統唐永堅出襄陽城突圍,結果兵敗被俘。夏貴曾率糧隊沿江而上,被蒙軍重圍擋住無法進城,恰逢漢水暴漲,乘船衝入城內,將糧食成功運入。鑒於此,張柔之子行軍萬戶張弘範建議在城西萬山增築水柵堡壘,史天澤派張弘範於十二月築成。萬山堡阻斷了襄陽水路交通,呂文煥出動大量步騎、戰船來攻,均被張弘範擊敗,襄陽的交通被完全阻斷。蒙軍又在漢水中築臺,阻止宋軍從漢水入援。年底,呂文德卒於鄂州,次年初,宋廷以兩淮制置使李庭芝接任京湖制置大使。

咸淳六年,殿前司副都指揮使范文虎率戰船兩千餘艘來援襄陽,被蒙軍所阻。次年五六月間,漢水暴漲,各路宋軍趁機衝破阻攔,紛紛將補給物資運入城內。忽必烈汗令各路蒙軍向四川、兩淮發起進攻,以牽制宋軍對襄陽的救援,並繼續增兵圍困襄樊。

宋度宗咸淳七年(元世祖至元八年,西元1271年)十一月,蒙古以漢制建立元帝國,忽必烈汗即為元世祖。

第三章　最後一位堅強的守護者

　　咸淳八年，劉整、阿里海牙率元軍攻破樊城外城，宋軍陣亡兩千餘人，但依然堅守內城。雖然沿江制置副使孫虎臣、湖北安撫副使高世傑又成功將一批物資運入襄樊，但局勢仍顯異常緊張。五月，李庭芝本來想通過襄陽城西北的清泥河派一支部隊入援，而就在這個緊要關頭，殿帥范文虎卻突然不聽命令，只顧宴飲嬉戲。李庭芝無奈，只好在民間募集了三千死士。這支民兵部隊由范文虎之姪武功大夫、右領衛將軍范天順以及張順、張貴兩位頭目帶領。臨行前二張對眾人道：「此行有死而已，各位如果不是真心隨我們去的話，就請馬上離去，不要壞了我們的事。」眾人群情激昂，高呼願隨！船隊在中途裝上范文虎送來的軍需物資，向襄陽挺進。從范天順帶隊和范文虎送上物資來看，與前文所載的「范文虎不聽李庭芝節制」似乎是矛盾的。二十四日夜，民兵駕船百艘，均裝備大量火炮、火槍、勁弩和巨斧。元軍艦船布滿江面，在江中設定鐵鏈、暗樁，無隙可入。宋軍由張貴領先，張順殿後，奮勇衝鋒，用火器射擊元軍艦船，用巨斧斫開江中鐵鏈、暗樁，在一片喊殺聲中，衝入城內！但是殿後的張順卻沒能進城，數日後，屍體漂入城中，「身中四槍六箭，怒氣勃勃如生」。眾人感嘆，為其立廟祭祀。

　　襄陽城內歡聲雷動，這是被圍四年來第一支入城的援軍，既帶來了必要的物資，又極大振奮了守城軍民的士氣。張貴募集了兩名死士，號稱「能伏水中數日不食」，潛水出城與夏貴

第五篇　諸神的黃昏

約定在城南龍尾洲夾攻元軍。未料臨行前一個獲罪被打過的小校偷跑出去，張貴大驚，但仍發兵出城，期望元軍還來不及反應。張貴率軍奮勇出城，兩岸元軍紛紛來搶，淹死的就有萬餘。當他衝開元軍艦隊阻截來到龍尾洲時，果見夏貴旗號，大喜。然而，這卻是元軍偽裝成夏貴軍在此以逸待勞。張貴長嘆，率軍力戰，身中數十槍，力竭被擒。元軍讓四名降卒抬著張貴的屍體入城勸降，呂文煥殺掉降卒，為張貴、張順立雙廟祭祀，但城內好不容易挽救的士氣又沮喪了。

李庭芝試圖離間劉整，請朝廷封他為盧龍軍節度使、燕郡王，但元世祖用人不疑，劉整更加死心塌地的為他效力。但隨著襄陽的繼續堅守，形勢開始向宋方傾斜。四川安撫使昝萬壽遣兵進攻成都，元軍戰敗，毀城而去，取得了本階段最大勝果。元帝國經濟實力畢竟有限，雖然集天下資源，並經過多年準備，但是到現在也即將不支，連元世祖自己都開始信心動搖了。宋方很多人也樂觀的認為，再堅持一段時間，元軍的攻勢就會收場。然而就在此時，元軍的終極武器登場了。

蒙軍的火炮技術明顯劣於宋軍，要想在城下與城上的宋軍進行炮戰是不現實的，所以忽必烈汗早就徵求工匠製造新式武器。伊兒汗國下屬的宗王阿不哥以阿老瓦丁、亦思馬因應徵。兩人研製了一種巨型投石機，築在地上，透過機械槓桿動力拋動300斤的巨石，可入地七尺，射程比宋軍火炮更遠。因二人是西域回回人，故稱「回回砲」。元軍確定了先集中兵力攻克樊城，再攻襄

第三章　最後一位堅強的守護者

陽的方案。年末入冬，漢水逐漸乾涸，元軍從水路切斷襄陽和樊城的連繫，集重兵分十二道猛攻樊城。雖然京湖都統范天順指揮宋軍英勇抵抗，多次打退元軍，但在回回砲的強大火力支援下，元軍奮戰半月，終於在咸淳九年正月十二日攻入城內。范天順仰天長嘆：「生為宋臣，死為宋鬼。」就地自縊殉國，後贈靜江軍承宣使。右武大夫、侍衛親軍馬軍司統制牛富率七百餘士兵繼續巷戰，渴飲血水，殺傷許多元兵。直到道路被燃燒的民房所阻，牛富身負重傷，才赴火而死，後贈金州觀察使。

　　樊城陷落後元軍將城內剩下的人全部屠殺，然後移兵攻襄陽。襄陽被圍近六年，城內軍民非常艱苦，呂文煥每次巡城，都會南望慟哭。現在樊城被破，形勢更加孤危。先前被俘的唐永堅與呂文煥私交甚厚，劉整先派他入城勸降，被呂文煥拒絕。阿里海牙率回回砲攻城，擊中譙樓，城內人心惶惶。劉整又親自到城下勸降，被伏弩射傷，大怒，要求強攻襄陽，但阿里海牙仍然堅持勸降。二月，元世祖招降詔諭到達，承諾只要呂文煥投降，可以保全一城軍民性命。按蒙古的規矩，到一座城下，必須馬上投降，只要一抵抗就不再給投降的機會，城破時將全城屠淨。這種戰術在西征中發揮了重大作用，很多城池都是蒙軍一到便立即投降，以免最後被屠城，但現在元世祖卻同意不屠殺堅守五、六年的襄陽。呂文煥仍狐疑未決，阿里海牙到城下折箭為誓，呂文煥終於放棄抵抗，舉城獻降。襄陽，這座堅守了近六年，幾乎將元帝國拖垮的要塞，終於易手。

第五篇　諸神的黃昏

■ 臨安沒 ■

襄陽失守後，局勢發生了重大變化，不但被元軍拔去了最堅實的突前堡壘，更重要的是士氣受到打擊。尤其是呂文德經過多年經營，呂家軍在宋軍中已經樹立起崇高威望，沿江諸將大多是呂氏子姪或舊部，呂文德卒後呂文煥降元，宋軍中最重要的非正式組織呂家軍土崩瓦解，失去了內在精神構架的宋軍已經不太可能抵敵了。

咸淳十年（元至元十一年，西元 1274 年），宋度宗駕崩，享年 34 歲，在位 10 年。度宗子嘉國公趙㬎繼位，史稱瀛國公或宋恭帝。恭帝年僅四歲，由理宗皇后謝氏為太皇太后垂簾聽政。

攻取襄陽後，元帝國就下步戰略也發生了激烈爭論。文官們普遍認為應該暫停攻宋，休養生息，武將們則大都強烈要求乘勝追擊，一舉滅宋。元世祖本人舉棋不定，一方面圍攻襄樊消耗確實很大，國力已無法支撐，更怕再遇到襄陽這樣的堅守，那就再也消耗不起了；但另一方面如果不乘勢滅宋，以漢式帝國的恢復能力，等宋帝國捱過了這段艱難歲月，調整到位，自己很可能會成為遼、夏、金之後的第四位。這確實是一個兩難的選擇，休息和立即滅宋確實各有道理，到底該怎麼決定呢？宋人肯定也非常關注元世祖的最終決策，這也關係到宋帝國的生死存亡，但如果宋人知道元世祖是以什麼做為最終決策依據的話，一定會吐血：元世祖竟然是通過占卜定下了立即

第三章　最後一位堅強的守護者

攻宋的決策。

　　歷史在這裡和從來沒有宗教傳統、不信鬼神的漢民族開了一個巨大的玩笑。

　　決定立即攻宋後，元世祖以中書左丞、同知樞密院事伯顏為主帥，統領全軍。伯顏是蒙古八鄰部人，曾隨旭烈兀西征伊朗，後又回到元世祖身邊，史稱其見識卓遠，氣量宏大。雖然伯顏之前未參與過與宋作戰，但元世祖稱其為自己的曹彬，特意以他為主帥，要求他節制殺戮，以當年曹彬收南唐的方式收南宋。但事實上伯顏這個人相當殘忍，後來在江南殺戮甚重，元世祖不選熟悉對宋作戰的人為帥，卻專門選了一個從西方回來的伯顏作「曹彬」，這些說法很可能是元代史官對戰史的粉飾。元世祖確定了京湖、兩淮同時進攻的戰略，設立荊湖行中書省，以伯顏、史天澤併為左丞相（伯顏主持工作），阿朮為平章政事，阿里海牙為右丞，呂文煥參知政事；設立淮西行中書省，以合答為左丞相，劉整為左丞，塔出、董文炳參知政事；另遣山東都元帥博羅歡進攻淮東，王子忙哥剌為安西王，進攻四川。後來史天澤病重退戰，元世祖又將淮西行中書省改為行樞密院，兩淮、四川的戰鬥都是為了掩護中路伯顏的大軍，非常忠實的執行了當年劉整定下的中間突破、兩翼策應戰略。

　　宋廷以汪立信為權兵部尚書、京湖安撫制置使兼知江陵府，並大開庫府犒軍。同年二月賈似道母喪、宋度宗駕崩都極大的遲滯了宋廷的布防工作。而且當時南宋臣民上至制置使，

第五篇　諸神的黃昏

下至平民，紛紛上書提出寶貴意見，剛愎自用的賈似道不但不接受，還罷免了提出不同意見的汪立信，另以朱禩孫為四川京湖宣撫大使，但實際上並沒有加強京湖路的防禦。曾經強大的京湖路現在只有七萬駐軍，必須仰仗四川、兩淮和沿江制置司的援軍。

九月，中路元軍主力在襄陽集結完畢，號稱百萬，實際作戰部隊有二十萬，首先向郢州進攻。都統張世傑早有準備，率軍力戰，元軍首戰不克。現在元軍再也不能像襄陽那樣長期圍攻了，伯顏提出繞開郢州直取鄂州。大多數元將認為如果留下郢州，將阻斷歸路，伯顏道：「我知道用兵的緩急，大軍出發，豈是為了一城？」於是率軍繞開郢州南下。張世傑果然遣副都統趙文義率兩千精騎從背後攻擊元軍，但伯顏也早有準備，親自殿後，率大軍大敗宋軍，擒殺趙文義，之後元軍就比較放心的繼續前進。

元軍進至沙洋（今湖北省荊門市），伯顏像西征時一樣，先致書招降，守將京湖制置司總管王虎臣、王大用像中國傳統的忠臣一樣斬使焚書，以示堅守的決心。但這一次他們確實沒搞清楚自己面對的到底是誰，伯顏令大軍攻城，元軍火炮、金汁順風發射，士卒蟻附攻城，宋軍雖奮勇抵抗卻不敵元軍勢大，沙洋失陷，王虎臣、王大用均被擒，元軍屠城。

接下來元軍又抓住王虎臣、王大用到新城（今湖北省潛江市，在沙洋城南五里）勸降，並將斬下的人頭擺在城下展示，讓

守將都統邊居誼立即投降。邊居誼稱要和呂文煥面談，呂文煥以為他準備獻降，策馬來到城下，尚未開口，城頭箭如雨下，呂文煥人、馬均中箭倒地，被元軍奮死救回，險些被擒。元軍大怒，猛烈攻城，邊居誼率軍死守，三千宋軍全部壯烈犧牲。和沙洋一樣，駐守將士盡忠報國，但城內百姓全部被屠，無一倖免。

這下宋人才意識到元軍的手段，對「曹彬」這個概念有了全新認知，一路望風而降，元軍順利進逼鄂州。沿江制置副使夏貴率戰船萬艘分別扼守鄂州附近要隘，武定軍都統王達率軍八千進駐陽邏堡。伯顏下令強渡漢水，先圍住江北的漢陽軍，其餘部隊齊集渡口準備強渡。但夏貴率水師力戰，元軍從幾個渡口均無法渡過。千戶馬福向伯顏建議可經淪河從沙蕪口（今湖北省黃陂區西北）入長江，伯顏派人偵察，確實可以直接入江，但夏貴也已經派精兵駐守。於是伯顏用了一齣調虎離山之計，將所有部隊齊集漢口猛攻，宣稱要從漢口強渡。由於元軍確實全部齊集於漢口，夏貴便將下游的戰艦都調來助戰。此時伯顏遣行省參知政事阿刺罕率蒙古輕騎極速奇襲沙蕪口，蒙古輕騎在西方所向無敵，在宋軍的火炮弩陣面前卻憋了一口氣，此刻終於大顯神威，趁隙攻克沙蕪口。這時元軍決開漢口大壩，本來不大的淪河頓時暴漲，萬艘元軍戰艦從淪河直接進入長江下游，並立即守住江漢口，控制了長江下游，數十萬陸軍也渡過長江。「數十萬眾列於江岸，旌旗彌望，宋人觀之，駭然墜氣。」

渡江後伯顏立即進攻陽邏堡，夏貴遣戰艦數千艘浮江以援，荊鄂都統程鵬飛亦率陸軍出鄂州來援。此戰極度激烈，伯顏、阿朮親自披堅執銳，分率水陸軍會攻陽邏堡，最終阿朮、程鵬飛均受重傷，宋軍被迫離去，元軍攻克陽邏堡。元軍諸將力勸伯顏攻克鄂州再南下，伯顏經過慎重考慮，率大軍圍攻鄂州。劉整訓練的強大水軍展示了巨大威力，張弘範將漢陽水軍三千餘艘艨艟鉅艦焚毀，宋軍大震。夏貴、朱禩孫等援軍紛紛敗退，鄂州既失江防，又失援軍，接受了呂文煥的勸降。這座岳飛、孟珙的司所終於淪陷。繼而伯顏以阿里海牙為荊湖宣撫使，留守鄂州，自率大軍順江而下。宋軍沿江諸將大多是呂氏舊部，更兼沙洋、新城守城，百姓被屠的示範效應，大多望風而降。雖然也遇到一些宋將力戰，包括一些自發組織抗元的民兵，但整體而言元軍未遇大的阻力，順利收取江州（今江西省九江市）、安慶（今安徽省安慶市）等重鎮。

到達安慶後，伯顏路主力已經和劉整的淮西行樞密院隔江相望。劉整認為此時南宋東路空虛，可由他東下直搗臨安。伯顏沒有答應，而是要求他按原定計劃在兩淮牽制宋軍，策應他的主力穩步推進。而劉整聽到呂文煥率軍入鄂的消息，想到中間突破、兩翼策應的戰略本是自己提出，此時成功的卻是別人，心中大慟。德祐元年（元至元十二年，西元1275年）正月，劉整卒，享年63歲，贈中書右丞、龍虎衛上將軍，諡武敏。這位前宋軍中層將領，本來受到孟珙的賞識，頗有前途，卻受到賈似

道的排擠而降蒙。若說降蒙是出於無奈,但之後他又力勸元世祖滅宋,並竭力打造水軍,制定正確戰略,徹底改變了宋蒙對峙的局勢。而這個大漢奸在滅宋的過程中被人搶走首功,居然被氣死,更不得不令人徹底鄙視其人品。

元軍攻占鄂州並順江而下,宋廷震恐,群臣諫請師相賈似道出戰。當年蒙哥汗大舉南侵,便是賈似道指揮全域性打退蒙軍,現在雖然大家都痛恨他專權,但也不得不將希望寄託在他身上。賈似道在臨安開大都督府,調兵參戰。初時他以呂文德之子呂師夔為權刑部尚書、知江州,並以呂文德之婿范文虎知安慶府,企圖以他們的關係勸回呂文煥,但他們卻立即降元,元軍直逼建康。聽到劉整死去的消息,賈似道認為事情出現了轉機,但宋軍現在士氣全喪,已經不是一個劉整的死可以挽回。賈似道起復此前因進言而被他罷免的汪立信為端明殿學士、沿江制置使、江淮招討使,並相擁而泣道:「後悔當初沒有聽你的話,不然事不至此啊!」汪立信卻慘然道:「現在江南已經沒有寸土乾淨,我去尋一片趙氏地上死,死得分明。」汪立信來到建康,見都是元軍,知道已無所做為,於是帶數千軍北上揚州投奔李庭芝,留得有用之身,以圖後舉。

正月十六日,賈似道率 13 萬大軍、2,500 艘戰艦西上。夏貴也收攏沿江水軍來合。賈似道臨走前留親信韓震為殿前都指揮使,約定一旦戰敗就邀謝太皇太后和宋恭帝車駕入海,等他率軍會合後再圖後舉。客觀的說這是一種監督國君不能放棄的

第五篇　諸神的黃昏

舉動,是值得肯定的,史書上卻把這也說成是擅權用事。

賈似道以侍衛步軍都指揮使孫虎臣為前鋒,在池州下游的丁家洲(今安徽省銅陵縣東北)排陣,夏貴亦率 2,500 艘戰艦來合,賈似道自率後軍屯於下游的魯港。元軍發炮轟擊宋艦,並以陸軍控制兩岸,發弩砲夾擊。但宋軍先鋒姜才奮勇血戰,兩軍殺得難解難分。史載此時孫虎臣乘機登上姜才愛妾所在座船,欲行非禮,士卒大喊,於是宋軍潰敗。這也不太現實,宋軍戰敗應該有其他原因,但宋軍現在士氣低沉,自亂陣腳的可能性確實非常大。

丁家洲戰敗使賈似道放棄了正面抵敵的期望,與夏貴、孫虎臣商議,決定率軍暫避揚州,並讓宋廷暫避海上,以圖後舉。這是一個比較客觀現實的辦法,當年宋高宗如果不緊急避海,不會有建炎中興。但賈似道一敗,輿論立即開始倒他,把他十餘年來專權的罪狀通通翻出來,他突然就成了罪人,凡是他的意見大家都要反對。右丞相兼樞密使陳宜中本來是賈似道的人,現在也開始倒賈,誘殺韓震後,宣布宋廷要堅守臨安,並詔各地勤王。陳宜中還要求誅殺賈似道,但太皇太后認為因一朝之罪殺三朝元老有失宋朝傳統的待臣之道,只將其削去實職,但在押送回臨安途中,還是被押送官鄭虎臣所殺,享年 62 歲,無贈封。

接到勤王詔書後,有三支部隊趕來。一是被元軍拋在郢州的張世傑,繞道入衛臨安,任命為龍神衛四廂都指揮使;二是

第三章　最後一位堅強的守護者

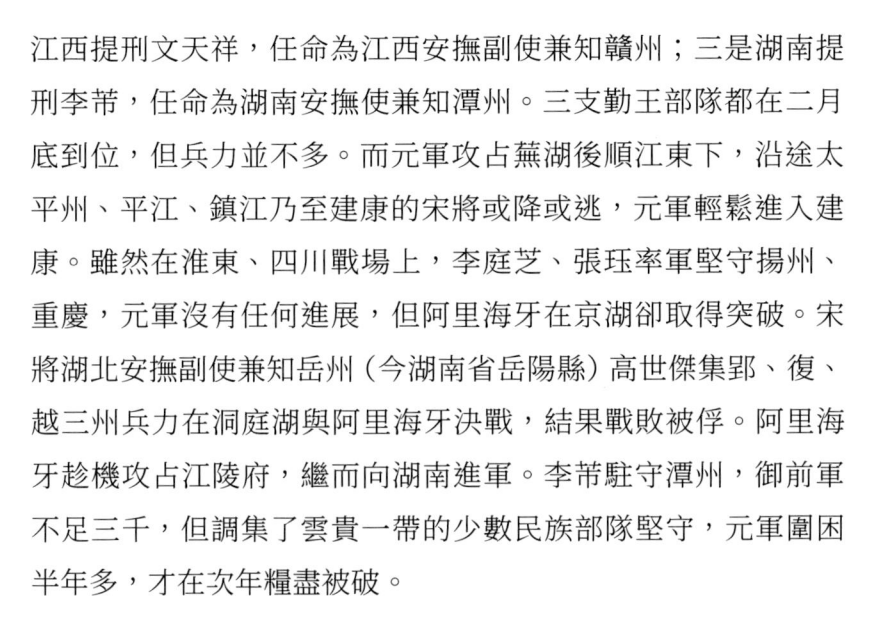

江西提刑文天祥，任命為江西安撫副使兼知贛州；三是湖南提刑李芾，任命為湖南安撫使兼知潭州。三支勤王部隊都在二月底到位，但兵力並不多。而元軍攻占蕪湖後順江東下，沿途太平州、平江、鎮江乃至建康的宋將或降或逃，元軍輕鬆進入建康。雖然在淮東、四川戰場上，李庭芝、張珏率軍堅守揚州、重慶，元軍沒有任何進展，但阿里海牙在京湖卻取得突破。宋將湖北安撫副使兼知岳州（今湖南省岳陽縣）高世傑集鄂、復、越三州兵力在洞庭湖與阿里海牙決戰，結果戰敗被俘。阿里海牙趁機攻占江陵府，繼而向湖南進軍。李芾駐守潭州，御前軍不足三千，但調集了雲貴一帶的少數民族部隊堅守，元軍圍困半年多，才在次年糧盡被破。

數百名岳麓書院的書生在城破前一刻還在朗誦詩書，絲毫不為城外的血戰所動心。城破的一刻，書生們提起武器衝向元軍，全部殉國。他們的衝鋒完全是送死，但卻沒有一個人退縮，甚至沒有一絲的慌張。這或許是「尚武」人士永遠無法理解的，這些孔孟門生自然沒有卓絕的武藝，但聖賢詩書卻在他們心靈的最深處埋下了無比堅強的力量，當災難來臨時可以那麼的淡定和執著，又可以突然爆發出來，伴隨著碧血如洪，照耀青史更添血色。

最後李芾也自殺殉國，元軍控制潭州。阿里海牙平定京湖，解除了東下元軍的後顧之憂，宋軍在重慶還駐有重兵，現在被徹底切斷。

第五篇　諸神的黃昏

　　但這時宋軍卻觸底反彈，張世傑率軍收復了平江、安吉、常州，浙江許多降元的州縣又反正歸宋。七月，張世傑率萬艘戰船向元軍發起反擊，但在鎮江焦山戰敗。繼丁家洲之戰後，宋水軍再次慘敗，代表著宋軍的反擊基本結束。元軍趁機進圍常州，卻遭到出乎意料的頑強抵抗，知州姚訔、通判陳炤、都統王安節、防禦使劉師勇率軍力戰。元軍從三月起圍攻，至十一月不能下，伯顏大怒，親自到常州督戰。這位蒙古版曹彬強迫俘虜的居民運土築壘，並將運土的人民一起埋在土壘中，還熬人油為炮。終於，姚訔戰歿，元軍攻入城內。宋軍依然堅持巷戰，王安節向元軍大喊：「我是合州王堅的兒子王安節！」衝入敵陣砍殺，力竭被擒，不屈而死。後陳炤也戰歿，僅劉師勇率八騎衝出城外。數千宋軍將士全部戰歿，最後六人背靠背殺敵，殺死上百元軍後終於犧牲，伯顏彬將剩下的居民全部屠殺。

　　德祐二年正月，元軍前鋒抵達臨安城下。賈似道雖是奸臣，但他要求宋廷浮海避敵的辦法卻沒有錯，現在文天祥、張世傑也要求太皇太后和恭帝趕緊上船。但孤兒寡母卻已經失去了繼續抵擋的勇氣，要求談判。太皇太后先派宰相陳宜中奉國書去元軍中談判，他卻於途中逃走。陳宜中為了反對賈似道，拋棄他入海避敵的正確意見，將宋廷留在臨安，失去了中興的一線生機，現在又不負責任的逃走。宋廷又以文天祥為資政殿學士、右丞相兼樞密使去元軍中談判。但伯顏毫不讓步，扣押了

文天祥。二月五日,謝太皇太后、宋恭帝正式出降,宋恭帝被降為開府儀同三司、瀛國公,解往大都。

《宋史》高度評價了元軍滅宋的戰爭,稱「我皇元之平宋也,吳越之民,市不易肆。世祖皇帝命征南之帥,輒以宋祖戒曹彬勿殺之言訓之。《書》曰:『大哉王言,一哉王心。』我元一天下之本,其在於茲。」(我皇元之所以能夠平宋,吳越的百姓,生產生活都沒有受到影響。就是因為世祖皇帝以宋太祖戒曹彬不殺戮的語言訓示征南的主帥。《尚書》曰:「王的語言多麼偉大,王的心意多麼堅定!」我大元能一統天下的根本原因,就在於此啊!)──《宋史》卷四十七

■ 揚州血 ■

雖然皇帝被俘,但宋朝的軍民卻沒有放棄,8歲的益王趙昰、4歲的廣王趙昺逃到溫州,隨後又逃到福州。益王被奉為天下兵馬都元帥,廣王副之。五月一日,益王即皇帝位,史稱宋端宗,改元景炎。以陳宜中為左丞相兼都督,尚在揚州堅守的李庭芝為右丞相,陳文龍、劉黻為參知政事,張世傑為樞密副使,陸秀夫為簽書樞密院事。不久文天祥從元營逃回,任為右丞相兼知樞密院事。不屈的君臣們重建了宋廷,仍然沒有放棄。江南、四川各地的許多州縣雖然被切斷外界連繫,但仍然閉城固守,誓不降元。

第五篇　諸神的黃昏

　　李庭芝仍堅守揚州，元軍從德祐元年下半年就開始圍攻揚州，阿朮築長圍圍困，揚州城內缺糧，死者滿道。至次年二月，路上的死人都被活人割來吃了，但軍民依然堅守不降。太皇太后和恭帝投降後，也向揚州發出詔諭，李庭芝登城對使者道：「奉詔守城，未聞有詔諭降也。」不久全太后（宋度宗皇后）、宋恭帝被元軍押往大都，通過揚州時又來勸降，全太后詔曰：「現在我和嗣君都已經臣服，卿尚為何人守揚州？」當年徐徽言尚可對金人道：「我為建炎天子守土！」現在李庭芝並不知道益王逃脫的消息，以為大宋已經徹底滅亡，無話可答，但依然不降，發弩射死使者。李庭芝涕泣誓師，盡散金帛犒軍，遣姜才率四萬兵出城奪兩宮，當然沒有成功，退回閉城堅守。知真州苗再成也出兵奪駕，仍沒有成功。阿朮又遣使來勸降，被李庭芝斬使焚書。但阿朮可能也很欣賞李庭芝，堅請赦免李庭芝，仍然給他機會投降，非常有誠意。李庭芝始終沒有答應，率軍繼續堅守。

　　七月，李庭芝得到詔書召他和姜才入朝，得知宋廷尚有一脈，欣喜若狂，立即留淮東制置副使、知揚州朱煥守城，自與姜才率七千兵走海路南下。阿朮率兵追擊，李庭芝暫避入泰州，被元軍所圍。不料此時朱煥卻獻揚州城以降，元軍抓住李庭芝的部將和妻兒到泰州城下勸降，裨將孫貴、胡唯孝等開門投降。李庭芝聽說後趕緊投蓮池自盡，水淺未死被俘。阿朮本來不想殺李庭芝，朱煥卻說：「揚州自用兵以來，積骸滿野，都

第三章　最後一位堅強的守護者

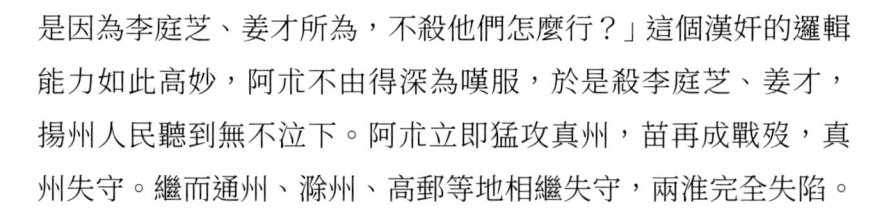

是因為李庭芝、姜才所為，不殺他們怎麼行？」這個漢奸的邏輯能力如此高妙，阿朮不由得深為嘆服，於是殺李庭芝、姜才，揚州人民聽到無不泣下。阿朮立即猛攻真州，苗再成戰歿，真州失守。繼而通州、滁州、高郵等地相繼失守，兩淮完全失陷。

　　四川仍在激烈戰鬥，元軍甚至並不占優勢。直至景炎三年（元至元十五年，西元 1278 年），元軍攻占四川各地，將重慶陷入孤城境地，四川制置使兼知重慶府張珏依然堅守不棄。重慶，這座英雄的山城，在全國大多數地區都已經淪陷的情況下，不知天子在何處，只知堅守不降敵。雖然宋朝沒能從四川中興，但正是這種偉大精神一脈相傳，中華民國政府才能在第二次世界大戰中偏安重慶，取得反法西斯戰爭的最終勝利。最後，元將汪良臣、不花、塔海鐵木兒率大軍從水陸兩路猛攻，都統趙安開門請降。張珏一邊繼續頑抗一邊自殺，自殺數次未果，攜妻小逃到涪州才被元軍俘獲，押送至大都路過安西（今陝西省西安市）時終於自殺成功。

　　而擊斃蒙哥汗的合州釣魚城仍然是永遠無法攻克的堅城，這一次元軍經歷更長時間的圍困，由於連續兩年秋旱，城內終於斷糧。合州安撫使王立對部將說：「我們當然應該盡忠死節，但滿城生靈怎麼辦？」後來王立與元帝國領西川行樞密院李德輝連繫，特奏元世祖，如果投降則請不屠城。按說這不符合蒙古的規矩，而且釣魚城自宋蒙開戰以來堅守近四十年，讓蒙（元）軍吃盡了苦頭，元軍無不深恨此城，蒙哥汗更有明確遺命「若克

第五篇　諸神的黃昏

此城,當盡屠之」,但由於確實無法攻破,元世祖特許不屠。於是王立向李德輝請降,保全了一城人民,堪稱蒙古征服史上的一個奇蹟。後來李德輝卒時,王立率合州居民為其披麻戴孝,以感恩德。至此,四川、京湖、兩淮相繼被元軍攻占,現在殘宋就只剩下福建、兩廣。

伯顏入臨安前,文天祥便出使元營。雖然元軍占盡優勢,伯顏非常驕橫,但文天祥不卑不亢,引得伯顏大怒,將宋使全部扣押。但押運北上路過鎮江時文天祥逃脫,乘海船離去。後益王在福州即位,召文天祥為觀文殿學士、右丞相兼知樞密院事。不久文天祥與陳宜中議論不合,以都督身分外出募集了很多義勇軍,收復江西部分州縣。但這些義勇軍畢竟不是正規軍的對手,很快又紛紛敗下陣來。

面對元軍兵鋒,宋廷又離開福州繼續往南方遷移,來到泉州。當地勢力最大的土豪是蒲壽庚,此人本姓 Abu,阿拉伯裔,六世祖遷居四川,後遷居泉州,透過海上貿易發了大財。蒲家對促進海上貿易和打擊海盜都有重大貢獻,宋廷授予其官職以資鼓勵,蒲壽庚已累官至福建安撫使。但蒲壽庚經過投資收益分析,認為幫助流亡宋廷不如投降元軍賺錢多,於是將宋廷趕到海上,後漂泊到廣東潮州落腳。事實上此時流亡宋廷仍有御前軍十七萬,民兵三十餘萬,只要找到一個海路暢通的大城安頓,完全可以與元軍一戰,以圖後舉,泉州就是一個很好的選擇。但蒲壽庚這位商人為了經濟利益拒絕救國,宋廷未能

第三章　最後一位堅強的守護者

在泉州落腳，是流亡失敗的一個關鍵因素。此時蒙哥汗之子昔里吉在北方叛元，元世祖急調伯顏入衛，追擊流亡宋廷有所緩和。文天祥又趁機組織義軍北伐，收復了一些州縣。

元世祖設江西行中書省，以塔出為右丞，麥術丁為左丞，李恆、蒲壽庚、程鵬飛為參知政事，負責追擊殘宋。李恆率陸軍擊敗文天祥，蒲壽庚引海軍追至廣州灣。文天祥一度幾乎被俘，參謀趙時賞冒充文天祥，掩護其逃脫，但趙時賞和文天祥的妻兒被俘，後被殺害，文天祥帶領的第二次抗元高潮又被壓制。

景炎三年（祥興元年，元至元十五年，西元 1278 年），流亡宋廷已經被擠壓到廣東海上，宰相陳宜中號稱去連繫占城國（在今越南南部），結果又當了逃兵。五月，宋端宗座船被颶風所毀，救起來生了一場大病，不久駕崩，年僅 11 歲。宋廷又擁立 7 歲的衛王趙昺為帝，史稱宋末帝，改元祥興，以宋度宗皇后楊氏為太后攝政。

■ 厓山別 ■

端宗崩後流亡宋廷的形勢更加孤危，元帝國以鎮國大將軍、江東宣慰使張弘範為蒙古、漢軍都元帥，西夏皇族後裔李恆副之，一路追殺至廣東。八月，宋廷晉文天祥為少保、信國公，要求他在陸路繼續抵抗。但現在文天祥的兵力顯然不是張弘範

第五篇　諸神的黃昏

的對手,很快在潮陽(今廣東省汕頭市)戰敗被擒,元軍趁勢攻占廣、惠、潮州。宋廷仍然沒有放棄,而是遷移至廣東省新會縣海岸以南八十里的厓(一ㄞˊ)山島。此時流亡宋廷還有大船千餘艘,官兵二十萬人,陸秀夫、張世傑等仍堅持不懈,誓要與元軍抗爭到底。而就在這種情況下,陸秀夫還是堅持每天為小皇帝講授儒家經典,儘管他們都知道求生的希望非常渺茫,但就和岳麓書院中的書生一樣,沒有什麼能夠撼動他們心中的信念。或許很多人甚至包括他們自己都不知道,這種信念,正是沒有宗教信仰的中華民族長期以來緊密團結並萬世相傳的根本所繫。

張世傑將海船結成棋盤陣,拱衛中心的御船,並將每艘船都塗上海泥,以防火攻。祥興二年(元至元十六年,西元1279年)正月,張弘範率元軍來到厓山,先讓文天祥去勸降。文天祥慨然道:「吾不能捍父母,乃教人叛父母,可乎?」並交出所做〈過零丁洋〉:

辛苦遭逢起一經,干戈寥落四周星。
山河破碎風飄絮,身世浮沉雨打萍。
惶恐灘頭說惶恐,零丁洋裡嘆零丁。
人生自古誰無死?留取丹心照汗青。

張弘範連贊「好人好詩」,不再強求,率軍進攻。元軍先以海軍強攻,用上了赤壁之戰中周瑜火燒連環船的戰術,以小船

裝載硫磺、薪柴,點燃後漂向宋軍舟城。宋艦伸出長桿,並在艦體上塗滿海泥,元軍火船不能接近,偶有接近也無法引燃。元軍又嘗試各種方法衝擊舟城均不成功,後來張弘範終於想到一個辦法,用軍艦載輕騎突擊厓山島上的西山泉,切斷了宋廷的淡水供應。事實上後世對張世傑的戰術頗有微詞,放棄陸基而到海上去結舟城並非明智之舉,或許是他缺乏建設海岸防線的足夠材料吧。

失去淡水水源後宋軍陷入困境,繼續戰鬥了二十餘天淡水飲盡,吃了十幾天乾糧,士卒們開始喝海水,嘔吐不止,非常艱難,但依然拒絕了元軍一次又一次的勸降,繼續頑強抗戰。二月初六,張弘範估計宋軍已經不支,發起總攻。宋軍將士都已經異常疲憊,但仍然奮力抗戰,最終被元軍攻破舟城。

樞密使張世傑、殿前都指揮使蘇劉義收攏精兵,奮力突圍。張世傑派小舟衝到御船邊,要接宋帝一同突圍。但是陸秀夫,這位艱苦流亡了三年的忠貞丞相,終於到了放棄的時刻。他知道突圍的希望太渺茫了,反而容易被俘受辱,於是拒絕突圍。張世傑率十餘艘戰船強行突圍離去,遙望仍留在重圍中的宋帝御船,這條鐵漢除了眼淚也沒什麼能夠留下。

目送張世傑離去後,陸秀夫盛裝朝服,仗劍逼妻兒跳海,然後來到小皇帝面前道:「國事至此,陛下當為國死。德祐皇帝(投降的宋恭帝)辱已甚,陛下不可再辱!」這位無比堅強的儒士說話時咬緊牙關,不讓淚水噴湧。但當他抬起頭時,卻見小

第五篇　諸神的黃昏

皇帝面帶微笑，平靜的說：「丞相，謝謝你，謝謝你們。」陸秀夫一驚，為何現在還要說謝？小皇帝道：「謝謝大家三百二十年來，為大宋盡忠。現在，該是我，最後一位趙氏天子殉國以報的時候了。」淚水，再也忍不住噴薄而出。陸秀夫緊緊摟住這個年僅八歲、瘦骨嶙峋的孩子，早已哽咽不成聲。

陣陣海風送來元軍瘋狂的吶喊，夾雜著宋軍戰艦的撕裂聲。陸秀夫抱起小皇帝，回望一眼濛濛烏雲下的灰暗大海，地平線在遠方已經模糊，那片美麗的東方大陸啊，就此別過吧！一大一小兩個火紅的身影穿透冰冷的海風，直插洶湧的波濤。無邊無際的灰暗大海中，這兩點紅色如血般耀眼。

當看到皇帝和首相滔海自盡，這流亡了三年的最後十餘萬大宋臣民終於絕望。

但是！沒有一個人投降。這些幾年來一直如驚弓之鳥的流亡者到此刻卻無比寧靜，後宮、諸臣、將士們紛紛選擇了同一歸途：滔海殉國。當蒙古勇士們準備盡情戲耍最後到手的獵物時，卻發現他們都已經跳入大海。七天後，海面上浮起了十餘萬具屍體。這，都是那些寧死不屈的人們！

十餘萬人沒有一個投降，一個都沒有！你真的能理解嗎？

有人說這是一種愚忠。錯了，中國的忠臣從來不會愚忠於不義的君主。《孔子家訓》曰：「君臣有義，可以死社稷；君臣無義，可以獨活；君臣寇仇，可以叛之。」還有人說是宋朝對臣子的待遇很好，薪水高、環境寬鬆云云，所以宋臣願意以死

第三章　最後一位堅強的守護者

報效。這更是一個天大的笑話，宋朝對臣子的待遇能有多好？能比分封建國更好？如果認為中國的知識分子會因為薪水高而獻身，這無疑是對他們的一種侮辱。君臣有義！君臣有義！這是義，不是利！無數宋臣的竭忠盡死絕非對趙宋一家一姓的愚忠，更不是對某種利益的回應，而是一種天地間永恆的凜然大義，這種大義不但是他們彪炳史冊的閃耀勳章，更是這個偉大民族世代傳承的根本所繫。

是的！你就是他們的後代！你的民族沒有什麼貴族血統，更不是什麼神的選民，但我們的祖先以這種偉大精神傳承後世，他們鍛造出的堅強脊梁，即使折斷也終能重新挺立。中國人面對了一次又一次的災難，卻始終越戰越勇，越發團結。那些自稱尚武的人們、高傲的哈布斯堡貴族、唯一真神保佑的選民們，當你們利用中國人的寬容，唾沫橫飛的高喊著「文弱」，肆無忌憚的踐踏著這個真正偉大民族的時候，你以為，你們真的能理解嗎？

張世傑逃離後找到楊太后，請她再立一人為帝，繼續抗戰。楊太后知道宋末帝已死，撫膺慟哭道：「我忍死艱關至此者，正為趙氏一塊肉爾，今無望矣！」說罷也投海而死。張世傑慟哭良久，將其葬在海濱。至此，陸秀夫、宋末帝、楊太后都已經放棄，只有張世傑這位武將還在堅持，他率部下往占城國開進，以圖在南洋興復。但艦隊經過平章山（今廣東省陽江市海岸線西南七十里海中的海陵山島）時遭遇颶風，艦船多有損壞。部將忙

第五篇　諸神的黃昏

勸張世傑趕緊登陸避風，張世傑焚香禱告：「我為趙氏，亦已至矣，一君亡，復立一君，今又亡。我未死者，庶幾敵兵退，別立趙氏以存祀耳。今若此，豈天意耶！（我一直不死，就是為了等何時敵兵退了，另立趙氏後裔以存社稷。今天到此地步，豈不是天意！）」說話間風浪愈急，張世傑在惡浪中呆立，雙目無神，任隨座船緩緩沉沒，這條支撐到最後的鐵漢終於也將最後一線希望沉入南洋。

「已而世傑亦自溺死。宋遂亡。」（《宋史》卷四十七）

繼契丹、西夏、花剌子模、波斯、阿拉伯之後，最後一位守護者大宋終於倒下。

1279，諸神的黃昏，入夜。

正是：

一曲奏罷哀腸斷，忍顧三百二十年。

鐵血忠烈憑誰問，萬卷青書永世傳。

■ 日月重開大宋天 ■

宋朝的歷史到此結束，但還有一些後事需略作交待。

張弘範滅宋後，勒石紀功而還。有一個故事說張弘範刻的是「張弘範滅宋於此」，後來有人在前面加了一個「宋」，諷刺張弘範這個漢奸。但事實上張弘範刻的是「鎮國大將軍張弘範滅宋

第三章　最後一位堅強的守護者

於此」，那個「宋」字是加不進去的，這故事其實是後世人對張弘範這位最後滅宋者憎恨情感的發洩。當年宋蒙聯軍圍攻蔡州時，蒙將張柔全身中箭，多虧宋將孟珙奮力救出。而四年後，張柔之子張弘範才出生，也就是說，若非孟珙救下張柔，張弘範是生不出來的，而今卻也正是這個人徹底葬送大宋。歷史有時候開的玩笑，異常殘酷。

張弘範讓文天祥勸降未果，就派兵押解他回大都。元世祖早聽說文天祥大名，親自以厚禮勸降，並多次派人勸降。文天祥自然不為所動，來勸降的宋臣、蒙古人都被他痛罵而回。但可怕的是元世祖派出投降的宋恭帝、全太后來勸降。宋恭帝勸道：「現在宋室已亡，連國君都降了，丞相還在為誰守忠呢？」文天祥無言以對，唯有垂淚不答，恭帝也只好悻悻而去。事實上，當時的人包括文天祥自己都並不了解，他們所堅守的不僅僅是對趙宋王朝這一姓社稷的忠誠，而是有更深層次的含義，所以才會如此堅貞，連自己都無法解釋。

多次勸降無效，元世祖只好將文天祥囚禁起來，雖軟硬兼施，文天祥就是紋絲不動，寫下了著名的〈正氣歌〉（時窮節乃見，一一垂丹青）。由於有文丞相誓死不降，也一直支撐著許多義士的意志。西元1282年，有僧人向元世祖進言土星犯帝座，須防有變。不久中山府有義士自稱是倖存的宋帝，聚兵千人，準備劫取文丞相。年底，又有義士刺殺元帝國左丞相阿合馬，很多人都懷疑是文天祥策劃。元世祖最後一次勸降，文天祥只

答道：「願賜之一死足矣。」元世祖知道再留也不可能勸降，唯有夜長夢多而已，於是在第二年初將其誅殺，年僅47歲。其妻歐陽氏收屍時在衣帶中發現文丞相遺言：

孔曰成仁，孟曰取義，唯其義盡，所以仁至。

讀聖賢書，所學何事，而今而後，庶幾無愧。

文天祥、陸秀夫、張世傑，他們都可以無愧於聖賢詩書，無愧於青史文章，無愧於華夏後人了。他們的國家已經滅亡，但只要青史中還留有他們的事蹟，這種精神就會激勵著他們的後人奮勇直前。八十九年後，日月重開大宋天，漢官威儀光四海，一個更加偉大的漢族王朝就將重新矗立在神州大地之上！

■ 結束語 ■

當送走契丹、西夏、金帝國三個強大對手後，宋帝國自身也走過了三百年的歷史。當蒙古旋風到來時，這個鐵血王朝依然頑強抵抗，最終精疲力盡的倒下了。倒下並不可怕，任何人的最終歸宿都是要倒下的，可怕的是恥辱的倒下。而我們的大宋王朝，其倒下之壯烈，完全可以讓他的後人為之驕傲。

蒙古做為一個勃興的草原部落，在與宋軍交手前就已經滅國無數。宋帝國的國土面對蒙古草原本部，中間是廣袤平坦的華北平原，但蒙古卻沒有先攻宋，而是西征打得差不多了才集

第三章　最後一位堅強的守護者

中力量攻宋。在蒙古的征服史上，沒有哪個民族能讓蒙古連吃敗仗，沒有哪個城市能長期抵抗。而垂垂老矣的宋帝國，面對薈萃了大半個地球資源的超級戰爭機器，卻讓世人見識到了真正的頑強。無論是四川、襄陽還是兩淮，尤其是合州釣魚城這座銅豆似的川東小城，上演了一幕幕英雄的讚歌。以前宋軍與契丹、西夏和女真作戰，雖斬獲不少宰相、元帥，但在對蒙作戰中卻擊斃了一位大汗。而這座小城任由蒙軍蹂躪了數十年，即便在成都、重慶都已陷落的情況下依然屹立不倒，迫使元世祖特許不屠城才放下武器，這樣的頑強又是何等可歌可泣！

宋蒙（元）戰爭雖然以宋帝國的滅亡告終，但事實上我們還是可以清楚的看到：宋軍勝多負少。只是宋王朝氣數已盡，而蒙古正處於勃興之際，更薈萃了歐亞兩大洲的無數資源，經過近五十年苦戰，賠上一個大汗的性命，才拖垮了這個320歲的老邁王朝。蒙古消滅任何一個大國都花不了多少時間，滅宋卻花了近五十年，中途多次信心受損，不止一次放棄，只因為宋王朝自身氣數已盡，以及劉整降蒙等偶然因素，最終才獲成功，這本身就是一種值得歌頌的頑強。

「人可以被毀滅，卻不可以被打敗。」海明威在《老人與海》中如是說。

再偉大的帝國也會被毀滅，哪怕是帶領地球人類轉向現代社會的宋帝國。但是他被打敗了嗎？

沒有！

做為一名炎黃子孫，我們可以理直氣壯的這樣回答。

當蒙古的上帝之鞭揮向西方世界時，一路上的游牧部族和封建國家所向披靡。尤其當蒙古祭出「一抵抗，便屠城」的恐怖策略時，很多城市都是望風歸降，所以蒙古旋風只用了很短時間便刮遍了力所能及的每一個角落。但是反觀宋帝國呢，這個三百餘歲的老者，早已在和契丹、西夏、女真的對抗中耗盡了精力，到頭來還要面對這臺前所未有的超級戰爭機器。但他的表現足以讓他的後人為之自豪，足以讓他的後人在徹底亡國後還樹起「日月重開大宋天」的旗幟。不能忘記厓山，不能忘記殉國的趙昺小皇帝、陸秀夫丞相，還有那十餘萬不屈的英雄，更不能忘記忠貞剛烈的張世傑、文天祥，是他們用生命在史書中為後人捍衛著偉大精神的延續。

放眼人類歷史，多的是亡國之君屈膝投降，何曾有過整個上層階級十餘萬人全部同時殉國的例子？如果說這樣一個帝國，還能說他「軟弱」的話，那真的不知道什麼才叫剛強。

■ 終章 ■

掩上厚重的史冊，宋太祖、李繼隆、范仲淹、岳飛、孟珙、文天祥，還有童貫、秦檜、韓侂冑、賈似道，這一個個鮮活的面容漸漸遠去，融入歷史的長河。他們的故事，無疑是一筆寶貴的精神財富，後人，尤其是中國人應該怎樣對待祖先留下的

這筆財富呢？

現在很多人以一句「積弱積貧」來為這個王朝定性，對此我深表遺憾，這顯然是不符合事實的，當我們瀏覽過這三百二十年的壯烈戰史，是不是能夠更加客觀的來審視中國歷史上這個既華麗又壯烈的帝國時代呢？

首先，「積貧」是顯然不成立的。雖然有很多觀點認為宋朝國家財政支出歷年遞增，經常出現財政赤字，並且有一些民眾起義，但這些都不足以做為「積貧」的論據。

德國經濟學家瓦格納指出：一個先進國家在經濟高速增長期間，國家公共支出會以更大比例增加。20世紀後半葉，美國、西歐、日本的經濟高速成長都驗證了瓦格納法則。很顯然宋朝財政支出的增加是符合瓦格納法則的，這不是「積貧」，恰恰是經濟發達的表現。

當然宋朝也有一些農民起義，尤其是經過《水滸傳》的渲染，非常有名。但如果這樣就要說宋朝「人民生活艱苦」、「起義蜂擁」也是不符合事實的。司馬光曾抱怨宋朝的百姓作風奢侈，「農夫躡絲履，走卒類士服。」這分明是經濟高度發達的景象。而至於少數的一些農民起義，歸結起來有以下四個方面原因：

一、根據庫茲涅茨的「倒U型」理論，一個國家的基尼係數（收入分配差距）會隨著人均GDP的增長，呈倒U型增長，即先隨著經濟增長提高，達到某個高度之後又開始回落。而根據經驗顯示，人均GDP在1,000～3,000美元的區間即為最不公

平的區間，也是社會最不穩定的危險區。2002 年曾有人估算，北宋熙寧年間的人均 GDP 折合約 2,280 美元，正好落在這個區間。徽宗朝人民起義蜂擁，主要是因為這個原因，如果突破了這個瓶頸區間，社會自然也會更加穩定。當然，這種折算方法也不一定正確，貨幣匯率也並不穩定，但庫茲涅茨倒 U 型理論顯然也符合北宋後期的發展特徵。

二、宋朝是中國歷史上唯一一個「不抑兼併」的朝代，其他朝代都非常害怕土地兼併造成大量失地農民，農民一旦失地就失業，就容易聚眾造反。但宋朝由於城市經濟高速發展，城市勞動力奇缺，所以反而特別渴求農民進城務工。西方人在這個發展階段採取了「圈地運動」強制農民進城，中國則採取了更加市場化的「不抑兼併」，促使勞動力資源自然流動到城市中。但失地農民除了可以充當城市勞動力之外，確實也可以充當造反者的人力資源。

三、中國人民自古以來富於反抗精神，不一定非要窮得吃不起飯才造反。宋朝的這些起義其實沒有哪一次是因為「民不聊生」造成的，尤其是讓大家留下深刻印象的《水滸傳》，梁山好漢個個大口吃肉，大碗喝酒，不是為生活所逼，而都是因為犯罪走投無路才上梁山的。

四、某些人趁亂起兵，實現個人野心。宋朝規模最大的方臘起義，其實是一場宗教政治運動，方臘藉助明教的思想控制，蠱惑善良百姓擁立他實現當皇帝的野心。明教與歐洲盛行

第三章　最後一位堅強的守護者

的——猶太教、基督教、天主教、東正教、景教、拜火教、摩尼教都有相似之處，看起來似乎都像是各教派的一個分支，此後糅合了佛、道以及中亞各種宗教的特色。此教經常會有反叛行為，一遇到這樣的機會自然也不會放過。現代有些人一聽到農民起義，不分青紅皂白就採取歌頌立場，連方臘這種宗教政治運動也魚目混珠，夾雜其中。

所以，將這些社會少數現象擴大成整個社會的黑暗，這種態度也是很不可取的，在任何情況下我們都應該提防被這種言論所煽動。當然，「積貧」這種說法本身也沒有多少人相信，更多人選擇相信了「積弱」這種說法。本書將宋朝的重要戰役都收錄在案，相信讀者已經能夠比較客觀的來看待這三百二十年的戰史，我們不妨結合論壇上常見的一些謠言，邏輯清晰的來分辨一下。

一、崇文抑武。既然文治的發達確實無法詆毀，那就說他武功很弱。但宋朝雖然文治發達，也並不表示武功很差。這就好比一個人語文成績比你好，但並不能由此推論出他數學就一定比你差。毋庸諱言，宋代的中國在當時的世界上就是一個文治武功全面領先的超級大國。有人說宋朝壓制武將，閹割了漢民族的尚武精神，所以造成被動挨打的局面。大家看李繼隆、岳飛違詔成習慣，哪個文官敢這麼橫？宋朝共有十餘位公主下嫁武將，為歷代之最。高宗朝張俊、韓世忠、楊存中、吳玠等人，大把大把的武將封王，文官只有自力更生的秦檜一個人。

第五篇 諸神的黃昏

宋朝因為貪贓枉法被斬的文官相當多,而反觀武將,如曹彬打輸了雍熙北伐,自己都白衣請死,專案組審查的結果也該殺,但宋太宗還是免其死,而且不久復官繼續帶兵。請問,這是優待文官還是武將?

二、文官帶兵。有人說宋朝帶兵的文官(或宦官)不懂打仗,韓琦、范仲淹、王韶、李憲、章楶、虞允文、余玠、曹友聞(其實還應該加上童貫、賈似道)的表現有力的回擊了這種說法。大量文官通過正規的軍事學院培訓,完全可以勝任儒將的職位。

三、「猜忌武將」。有人認為宋朝本身就是武將篡位建立的王朝,所以皇帝始終不信任武將,透過監軍、陣圖等各種制度束縛武將的手腳,導致很多優秀的武將不能發揮。這種觀點比較奇特,所謂謀定而後動,陣圖的意思無非是戰前先做好規劃,是現代管理工程的核心思想,如果認為這種方法不對,難道靠指揮官拍腦袋才是對的嗎?宋朝確實重新設計了軍事指揮體系,但很顯然這規範了軍事指揮技術,推進了軍隊的現代化建設,能提高軍隊戰鬥力。至於監軍制度,現代軍隊無不採用,他的發明者反而是錯的?其實宋朝的制度完善,已經基本封鎖了藩王獨立的危險,吳曦叛宋被誅就是一個很好的例子。也正因為如此,宋朝才會出現許多能夠便宜行事的地方大員,比如把川陝交給張浚,把四川交給吳玠家族。

四、「守內虛外」。有人認為宋朝猜忌邊將,為防止邊將兵

力太多,威脅首都,所以邊防兵既少,戰鬥力也不強,所以會被周邊國家欺負。這種說法顯然是錯誤的,北宋初年,禁軍精銳在河北軍;與遼帝國確定和平後,精銳在陝西軍;南宋的御前軍精銳沿長江駐紮,都沒有在首都堆積。而造成「靖康之難」的一個重要原因恰恰是精銳部隊過於集中在陝西,來不及救援京師。

五、「冗官冗兵」。有人認為宋朝的官員多、所以行政效率低下,兵員多,因此戰鬥效率低下。這其實是沒分清虛職、實職,分不清楚正規軍、民兵、工程兵。宋朝的官職確實既多且複雜,但其中虛銜居多,帶「知」的實職還是按實際需求設計的,職權交叉重疊的情況其實不多。有人說宋朝有125萬兵員,這顯然是將民兵、工程兵甚至蕃兵都算進來了。宋朝的禁軍最多時是元豐年間的59萬,其中約40萬都投入了元豐五路伐夏的大戰。而秦、漢、唐等大王朝的正規軍普遍在70萬左右,宋朝的兵並不算多。

六、「募兵素養」。宋朝始終堅持募兵制,以高薪吸引人民參軍,而不是強迫人民無償服兵役。尤其到災年,朝廷就會擴大招兵以解決人力資源市場的供需不平衡,這些軍人的薪資收入也可以有效拉動內需,更重要的是削減了造反者的兵源。某些別有用心的人說這些臨時招來的兵素養低下,是宋軍老打敗仗的一個原因。但事實上這些兵都只能進入廂軍,負責大型工程或後勤運輸,不會進入禁軍。宋朝的禁軍挑選非常苛刻,而

第五篇　諸神的黃昏

且必須通過科學的操典嚴格訓練才能走上戰場，不然根本無法適應步兵方陣的複雜戰法。

七、「消極防守」。有人認為宋朝的國策就是消極防守，這既是缺乏尚武精神的體現，也是受欺負的原因之一。但事實上宋朝大部分時間都在主動進攻，宋初進攻遼帝國的燕雲十六州，北宋壓迫式進攻西夏，南宋攻滅金帝國，只有少部分時刻在苦苦防禦。客觀的說，似乎地球上還沒有哪個國家永遠不遭到進攻吧？

八、「宋朝無名將」。關於這個問題我專門做了一個調查，被調查者大多認為宋朝的名將最少，但同時又認為軍人的精神模範是岳飛，當我提醒他們岳飛正是宋將時顯得非常驚訝。其實不僅僅是岳飛，宋朝由於戰爭較多，而且對手水準也很高，所以將星無數，只是現代人往往不知道而已。

九、「宋人生活富裕，所以戰鬥力不強」。這種觀點現在最流行，還有人拿出美國、法國來做類比。甚至有人說游牧民族生於苦寒之地，所以是尚武的狼，溫帶的漢人則是軟弱的綿羊。且不說此人是否有種族主義傾向，首先他這種說法就完全沒有科學依據。根據當今世界暖通工程最高權威丹麥技術科學院院士、丹麥技術大學教授 P.Ole Fanger 的熱舒適方程式來觀察，地球人類的舒適溫度是完全一樣的，與人種沒有任何關係。而且寒帶人適應能力比熱帶人更差，既怕冷又怕熱，更不適應溫度變化。宋朝民間習武風氣濃郁，有很多民辦武學社，政府完全

第三章　最後一位堅強的守護者

沒有壓制這些武社的發展，還鼓勵民兵弓箭手助戰，甚至成為軍隊體系的一部分。靖康之難中風起雲湧的民兵義士也都成為保家衛國的重要力量，並獲得宋王朝的封賞。名將李寶其實最初就是一位自發起來抗金的民兵頭目，後來成為節度使、海軍總司令。

當然，最重要、最根本的還是宋軍對外作戰的具體戰績。這個世界上沒有只贏不輸的軍隊，宋軍當然打了很多敗仗，而且最後是被滅亡的。如果把他的敗仗輯錄起來集中展示，勝仗則選擇性失明，讓人覺得「軟弱」確非難事。本書將宋朝的主要戰爭全部收錄在案，是勝多還是負多，表現是否很「軟弱」，讀者完全可以自行評判。

在宋代之前，漢民族在活動範圍內一直處於絕對領先地位，周邊都是零散的部族和小國。時至中唐，情況發生了變化。首先是唐朝丟掉了馬匹產地，這在馬騎兵占絕對優勢的時代非常關鍵；其次是後晉割讓燕雲十六州，讓中原政權失去了最重要的戰略屏障，無法修復長城。更重要的還是周邊民族透過學習，都出現了跨越式發展，建立起一些強大的帝國，擁有了可持續發展和自我修復的能力。宋王朝剛剛建立就要面對強大的遼帝國，之後崛起的西夏、金帝國都具有明顯的漢式帝國特徵，而不再是之前的部族聯盟。有些人總愛說漢唐鎮壓匈奴、突厥部落何其威風，宋朝面對契丹、蒙古帝國就做不到，所以是弱宋。這就好比您小學總是能每科都考滿分，考大學的時候

第五篇　諸神的黃昏

　　就不行了，於是您就成了廢柴？對那些原始部落的戰績怎能和契丹、蒙古這樣的規範帝國相提並論？人類社會進入宋代以後，世界上任何一個國家都絕不可能再像漢唐那樣以「天朝上國」的地位參與國際競爭，這也是人類社會發展的必然趨勢，並非閉目塞聽、視而不見就可以的。

　　而宋王朝，這個引領了人類社會大轉型的中華帝國，無論是文治武功，都足以彪炳史冊，更是他的後人最應當引以為豪的光榮歷史。一個偉大的民族，必須要有令人景仰的歷史，如果我們的歷史上有一個三百二十年的塌陷期，並淪為世人的笑柄，這對塑造建康的民族性格有什麼好處？更何況這絕對不符合歷史的真實。倭奴國（今日本國）在唐代派出了「遣唐使」向中國學習，到宋代更進一步，有許多漂亮女子到中國尋找男子「度種」。遼道宗，這位世界第二強國的皇帝更直接表示願來世做宋朝的一個普通百姓。試想一個「軟弱」的國家怎麼可能得到其他民族的如此推崇？然而，真正令人疑惑的是，外國人普遍崇拜引領了人類社會現代化的宋、明，而中國人念念不忘的卻是武力鎮壓游牧部落的漢、唐。當然，崇拜威武的漢唐也沒有錯，但是把宋明刻劃成軟弱、黑暗、腐朽就很奇怪了，更何況這種刻劃還是完全不顧事實的汙衊。

　　當今世界的國際競爭其實比宋代更加激烈，而且中國已經失去了當時的絕對優勢地位，任務更加艱鉅。但中華兒女正團結在一起，奮力追趕，這個時候正非常需要強大的民族凝聚力

第三章　最後一位堅強的守護者

來鼓氣加油，而不是挫傷自尊心的冷嘲熱諷。宋朝的無數英雄事蹟無疑是中華民族寶貴的精神財富，怎能用一句「積弱積貧」就將其抹殺？歷史當然也給了我們許多經驗教訓，也不能將他們塗脂抹粉，棄而不顧。無論是正面的經驗，還是負面的教訓，那都是我們的寶貴財富，那都是我們的歷史。

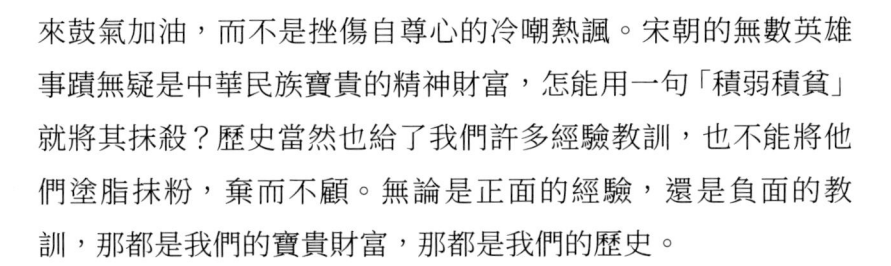

正是：

叢林星球何其險，一路行來傷不斷。

希臘波斯今安在，唯有華夏世代傳。

非止漢唐樹天威，亦經宋明血脈連。

炎黃兒女可曾憶，你有錚錚鐵骨，烈血祖先？

不可學，童貫貪功，妄自開邊。

不可學，秦檜阻戰，苟且偷安。

望銀練長河，將星無數，皆化作霄漢燦爛。

閃耀是岳飛孟珙，催來者，一往無前！

第五篇　諸神的黃昏

主要參考資料

- 資治通鑑　　[宋]司馬光
- 新唐書　　[宋]歐陽脩
- 舊五代史　　[宋]薛居正
- 新五代史　　[宋]歐陽脩
- 宋史　[元]脫脫　等
- 遼史　[元]脫脫　等
- 西夏書事　　[清]吳廣成
- 金史　[元]脫脫　等
- 元史　[明]宋濂　等
- 明史　[清]張廷玉　等
- 契丹國志　　[宋]葉隆禮
- 大金國志　　[宋]宇文懋昭
- 續資治通鑑　　[清]畢沅
- 續資治通鑑長編　　[宋]李燾
- 續資治通鑑長編拾補　　[清]黃以周
- 皇宋通鑑長編紀事本末　　[宋]楊仲良
- 建炎筆錄　　[宋]趙鼎

主要參考資料

- 建炎以來係年要錄　　[宋]李心傳
- 三朝北盟會編　　[宋]徐夢莘
- 大金吊伐錄　　[金]佚名
- 平宋錄　　[元]劉敏中
- 清波雜誌　　[宋]周輝
- 宋論　　[明]葉向高
- 金史記傳不相符處　　[清]趙翼
- 簡明宋史　　周寶珠、陳振
- 遼金簡史　　李桂芝
- 西夏簡史　　鍾侃
- 宋蒙關係史　　胡昭曦
- 岳飛傳　　鄧廣銘
- 經略幽燕　　曾瑞龍
- 關於金朝開國史的真實性質疑　　劉浦江
- 靖康奇恥　　王曾瑜
- 河洛悲歌　　王曾瑜
- 劍橋中國遼夏金元史　　[德]傅海波、[英]崔瑞德
- 浴血年代 宋朝戰爭故事探祕　　袁景、羅真
- 中國歷代財政改革研究　　葉振鵬
- 政治經濟學　　劉詩白

- 西方經濟學　高鴻業
- 公共管理學　張成福、黨秀雲
- 公共經濟學　樊勇明、杜莉

國家圖書館出版品預行編目資料

逆轉宋史——岳飛抗金與宋軍崛起之路：重現宋軍百年抗金史，挑戰「弱宋」的歷史迷思 / 黃如意 著. -- 第一版 . -- 臺北市：崧燁文化事業有限公司, 2024.11
面；　公分
POD 版
ISBN 978-626-416-045-2(平裝)
1.CST: 宋史
625.1　　113016263

電子書購買

爽讀 APP

臉書

逆轉宋史——岳飛抗金與宋軍崛起之路：重現宋軍百年抗金史，挑戰「弱宋」的歷史迷思

作　　　者：黃如意
發 行 人：黃振庭
出 版 者：崧燁文化事業有限公司
發 行 者：崧燁文化事業有限公司
E - m a i l：sonbookservice@gmail.com
粉 絲 頁：https://www.facebook.com/sonbookss/
網　　　址：https://sonbook.net/
地　　　址：台北市中正區重慶南路一段 61 號 8 樓
8F., No.61, Sec. 1, Chongqing S. Rd., Zhongzheng Dist., Taipei City 100, Taiwan
電　　　話：(02) 2370-3310　　傳　　真：(02) 2388-1990
印　　　刷：京峯數位服務有限公司
律師顧問：廣華律師事務所 張珮琦律師

-版權聲明

本書版權為淞博數字科技所有授權崧燁文化事業有限公司獨家發行電子書及紙本書。
若有其他相關權利及授權需求請與本公司聯繫。
未經書面許可，不得複製、發行。

定　　　價：330 元
發行日期：2024 年 11 月第一版
◎本書以 POD 印製
Design Assets from Freepik.com